कलम की दावत

कविता-संग्रह

कवि

अलोक रंजन

अंजुमन प्रकाशन

Title : Qalam ki Dawat
Author : Aalok Ranjan

Published By
Anjuman Prakashan
942, Mutthiganj, Prayagraj, 211003
www.anjumanpublication.com
anjumanprakashan@gmail.com

Printed and bound in India
Paperback, First published by Anjuman Prakashan in 2022
ISBN : 978-93-91531-25-6
Copyright © Aalok ranjan 2022
Publishing rights reserved : Anjuman Prakashan 2022
Cover & Typeset by Anjuman Prakashan

Price in india: 200.00

समर्पण

सब आप ही का है, जब मैं ही आपका हूँ। आपको समर्पित! बड़ी माँ। मेरी इच्छा ना होने पर भी आप मुझे गोद में उठाकर ज़िद से शिक्षक के पास धर आती थीं, मेरी पढ़ाई के लिए। आज आप पास नहीं हैं मगर आपकी पकड़ाई हुई राह बहुत प्यारी लग रही है। बस यह कि आपकी कमी बहुत खलती है।

माँ, आपने हमेशा मुझे अपनी मर्ज़ी का करने दिया, तभी तो आज वह हूँ जो होने की इच्छा रही। आपका मेरे साथ होने से ही मैं संघर्षों से टूटकर भी जुड़ जाता हूँ और पुनः चल पड़ता हूँ अपने पथ पर, आपकी उँगलियाँ थामें।

पिता जी, आपकी बड़ी ख़्वाहिश थी, मैं भी आपके दोस्त के बेटे की तरह हिंदी में बात करूँ। मैं उस बचपन के दौर में केवल क्षेत्रीय बोली (अंगिका) ही बोल पाता था। आज आपके आशीर्वाद से हिंदी में बोलने और अपने विचारों को लिखने भी लगा हूँ। मगर सुनने के लिए आप नहीं हैं। आज आपके ना होने पर आपका महत्व समझ आता है।

माँ जानकी देवी और पिता स्व. गुदर राय जिन्होंने मुझे अनमोल जीवन दिया एवं बड़ी माँ स्व. सातो देवी जिनकी निश्छल ममता और अपार करुणा के साये में संताप की टीस का कभी बोध नहीं हुआ। आप तीनों को मैं अपनी लेखनी काव्य-गुच्छ समर्पित करता हूँ।

मेरी क़लम की ज़बाँ

काग़ज़ के घर यह जो 'क़लम की दावत' है
लिखा वही, जो दिल, दिमाग़ और देश की हालत है

मालूम ना था कि क़लम का यूँ काग़ज़ पर चलना किताब का रूप ले लेगी। फिर लोगों ने कहा, 'काग़ज़-क़लम की गहरी दोस्ती से ही तो किताब जन्म लेती है।' यक़ीनन, आज जब यह किताब की शक्ल में है तो कवि मन मातृत्व की ख़ुशी और जोश से भर आया है। साथ में शंका भी बनी हुई है और यह दूर तब होगी जब आप सबकी प्रतिक्रिया मिलेगी।

क़लम जब भी उठी तो अंत करके रुकी। ऐसे ही एक-एक कर बनी वह सारी कविताएँ हैं इसमें। जब जो देखा, भोगा और महसूस किया उसे ही बस लिख दिया। आशा करता हूँ मेरी किताब आपके यहाँ प्यार भरी जगह पायेगी। अब जो भी है जैसा भी है आपके सामने है।

क़लम से किताब तक की इस यात्रा में और भी नाम हैं शामिल, जिनके ज़िक्र के बिना मेरी सारी कविताएँ और यह किताब अधूरी है:-

मैं शुक्रगुज़ार हूँ! अपने परिवार वालों का, जिन्होंने मुझे मेरे सपनों को जीने दिया। मेरे पंख काटे नहीं बल्कि आसमानों में उड़ने की खुली छूट दी।

मैं शुक्रगुज़ार हूँ! उन तमाम गुरूजनों का, जिन्होंने मुझे शिक्षा-दीक्षा और दुनिया की समझ दी और सबसे बड़ी बात यह कि, मुझे सीखने के योग्य बनाया। विश्व के उन सभी लेखकों, कवियों और साहित्यकारों का जिनकी रचनाओं को पढ़ने का मुझे सौभाग्य प्राप्त हुआ तदुपरांत मेरे व्यक्तित्व को रचा और आज उनकी रचनाएँ मुझे कुछ रचने को प्रेरित करती रहती हैं।

मैं शुक्रगुजार हूँ ! पद्मश्री से सम्मानित रीता गांगुली मैम, एन. एस.डी. के पूर्व निदेशक, लेखक, व रंग निर्देशक प्रो. देवेंद्र राज अंकुर सर, फिल्म और रंगमंच के बेहतरीन अभिनेता, लेखक, रंग निर्देशक व गायक पीयूष मिश्रा सर, अभिनय के जादूगर मनोज बाजपेयी सर और एक बेहतरीन अभिनेता, लेखक, रंग निर्देशक व एन.एस.डी. के अतिथि प्राध्यापक आसिफ़ अली हैदर ख़ान सर का । आप सभी गुरूजनों के सानिध्य में रंगमंच को पढ़ना, समझना, सीखना और प्रयोगात्मक मंचन करना मेरे लिए सौभाग्य की बात

है। आज मेरे लेखन के इस छोटे से प्रयास में आप सबों का मार्गदर्शन और आशीर्वाद रूपी दीपक ने मुझमें विश्वास और उम्मीद को जगाया है। जिससे मेरी किताब और मैं हम दोनों निखर गए हैं। मैं आप सबों के प्रति विशेष आभार प्रकट करता हूँ !

मैं शुक्रगुज़ार हूँ ! अपने रंग गुरू संतोष भैया (डॉ. संतोष राणा, प्रोफ़ेसर, वरिष्ठ रंग निर्देशक, अभिनेता और लेखक) का, जो मेरे जीवन में रंग गुरू, बड़े भाई, अभिभावक और एक अच्छे दोस्त की भूमिका में रहते हैं। उनसे मैंने अभिनय, जीवन और रंगमंच से संबंधित तमाम चीज़ों के गुणों को सीखा और आज भी सीखता रहता हूँ। मैंने बड़े-बड़े कवियों की कविताओं को सही से पढ़ना, बोलना और समझना भी सर्वप्रथम उन्हीं से सीखा है। आज मेरे लिखने पर उनसे मिली शुभकामना में कही बात, "अब तुम बिंबों को समझने लगे हो। कविता अच्छी है लोगों को पसंद आयेगी।" मेरे लिए किसी पुरस्कार से कम नहीं।

मैं शुक्रगुज़ार हूँ ! मनोरंजन मधुकर भैया (''नटकिया'' संस्था अध्यक्ष, वरिष्ठ रंगकर्मी) जिन्होंने हमेशा मेरे काम को सराहा और दिल से साथ दिया है। आप सहित 'नटकिया' परिवार को बहुत-बहुत शुक्रिया !

मैं शुक्रगुज़ार हूँ ! मदन दा (मदन द्रोण उर्फ़ मोहन कुमार जी, जो रंग निर्देशक, अभिनेता, मंच सज्जाकार और एक अच्छे मेकअप आर्टिस्ट हैं) का, जिनकी डाँट और फटकार ने मुझे रंगमंच के क़ाबिल बनाया। उस वक़्त बहुत बुरा लगता था मगर अब समझ आता है कोई भी बाग़ माली के बग़ैर फल-फूल नहीं सकता। आपके सिखाए रंगमंच के सभी अनुभव आज काम आ रहा है।

मैं शुक्रगुज़ार हूँ ! विजय भैया (विजय कुमार रंगकर्मी और पेशे से पत्रकार हैं) का, जीवन के उतार-चढ़ाव के हर मोड़ पर बड़े भाई की तरह मेरी मदद की है। इनकी डाँट में अधिकार और अपनापन है। इनकी सुरीली आवाज़ ने मुझ बेसुरा को भी सुर में ला दिया। बात रंगमंच के शुरुआती दौर की है जब इनका सानिध्य ने मुझे रंगमंच में जगह दिलाई । वह यात्रा अब तक जारी है।

मैं शुक्रगुज़ार हूँ ! दीपक भैया (दीपक सिन्हा जी, वरिष्ठ रंग निर्देशक,

अभिनेता, लेखक और पेशे से अधिवक्ता) का, जिनके सानिध्य में कई भूमिकाओं को मंच पर जिया है और बुद्धिजीवी मंच के ज्ञान मंथन में ज्ञान रूपी अमृत का स्वाद चखने का अवसर मिलता रहा है। इनका मेरे जीवन में हमेशा बड़े भाई और अभिभावक की भूमिका से संबलता मिलती रही, जो मुझे मेरे पथ पर चलने को मज़बूती देती है।

मैं शुक्रगुज़ार हूँ ! अमन भैया (अमन भारती: एक बेहतरीन सिनेमैटोग्राफ़र) का, जो मेरे दुःखों में सबसे ज़्यादा दुःखी और मेरी ख़ुशी में सबसे ज्यादा ख़ुश होने वाले, मेरे तमाम सुख-दुःख के साथी अज़ीज़ मित्र जो हमेशा मुझे प्रोत्साहित करते रहते हैं। मैंने इनके 'अलाइव शॉट पिक्चर्स' स्टूडियो में बैठकर बहुत-सी कविताएँ लिखी है। इतना ही नहीं बहुत-सी कविताओं के लिए तो विषय भी इन्होंने ही दिया है और जितनी भी कविताएँ लिखी सबसे पहले इन्होंने ही सुना और अपनी समीक्षा रूपी प्रतिक्रिया भी दी है। मेरी रचनाओं को आप तक पहुँचाने में इनकी अहम भूमिका है, बिना इनके यह कार्य संभव नहीं था। साथ ही मेरे अनुज अभिनीत रौशन, अमन शर्मा और आर्यन राज आप सबने दिल से साथ दिया है, मेरी इन कविताओं को किताब की शक्ल तक के सफ़र में। आप सबों को हार्दिक शुक्रिया !

मैं शुक्रगुज़ार हूँ! श्रीमती शीतल देवा (MLPS ZEE SCHOOL बेगूसराय के प्रधानाचार्या मैम) का, जिन्होंने मुझे बच्चों को अभिनय सिखाते क्रम में अलग-अलग विषयों पर गीत और नाटक लिखने की चुनौतियाँ दीं, जिससे मैं लेखन को आज़मा सका और ख़ुद में विश्वास जगा पाया। आपके इस भरोसे के लिए आपको मैं दिल से धन्यवाद देता हूँ।

मैं शुक्रगुज़ार हूँ! पल्लव दादा (अभिनेता व लेखक, NSD पास आउट 2019) मेरे सीनियर का, जिन्होंने मुंबई से मेरे पढ़ने के लिए साहित्य की किताबें भेजते रहे। आपका यह अगाढ़ प्रेम मुझे अमीर बना गया है। मेरे दिल के दायरे में आपने जो जगह दख़ल की है उस पर आपका सदा हक़ रहेगा। आपके कोमल हृदय और सात्विक मन में जो आपने जगह दी है मुझे, वह अनमोल है मेरे लिए। आपकी सोच, समझ और सच्चापन प्रेरणा देती है मुझे। इस किताब में शामिल 'ज़िंदगी' और 'ज्ञान का बोझ' शीर्षकवाली दोनों कविताओं को जन्म भी तो आप

ही ने दिया है मैंने तो केवल उसे पाला है। धन्यवाद दादा !

मैं शुक्रगुज़ार हूँ ! मेरे प्यारे बैचमेट्स अभिनेता अभिषेक कौशल, विकास गौतम, जुनैद राथर, पार्थ प्रतिम हज़ारिका और निर्देशक भूषण संजय पाटिल का। यह सभी वह चार कोना और एक छत है जहाँ मैं छुपता और खुलता हूँ, सुनता और सीखता हूँ, आप सबों के प्रेम वाली बगिया में खेलता और उन्मुक्त्ता से जीता हूँ। जब बहुत दुखी होता हूँ इन्हीं मखमली कंधों पर सिर टिका देता हूँ। तब इन सभी के हाथ केवल आँसू ही नहीं पूछते बल्कि ख़ुशी का ज़रिया बन जाते हैं मेरे लिए, उनके बढ़े हुए मददवाला हाथ। तन, मन और धन आप सबके यह तीन रूप हैं जो मेरे लिए संजीवनी है। इन सबों ने सारी कविताओं को पढ़ा और बहुत सारे सार्थक सुझाव भी दिए । जिस पर अमल होना बहुत ही वाजिब था । अभिषेक कौशल के मुख से निकली पहली ध्वनि, "लिखते हो अच्छा है इसे पब्लिश भी कराओ" और वहीं से सिलसिला शुरू हुआ और आज मूर्त रूप आपके सामने है। अभिषेक कौशल और विकास गौतम आप दोनों ने तो कई कविताओं की पंक्तियों में उलटफेर कर उसे पहले से ज़्यादा सुंदर और सहज बना दिया है । प्रूफरीडिंग जैसे असाध्य कार्य में भी पूरा सहयोग किया है। भूषण संजय पाटिल आप ने कुछ शीर्षक में बदलाव कर उस कविता की महत्ता और बढ़ा दी है। जुनैद राथर और पार्थ प्रतिम हज़ारिका आपने कविता और मेरे प्रति प्रेम लुटा कर मुझ फक्कड़ को धनी होने का एहसास कराया है। आप सबों के प्रति विशेष आभार और ढेर सारा प्यार !!!!!!

मैं शुक्रगुज़ार हूँ! मेरे साथ NSD में पढ़ रहे मेरे पूरे बैचमेट्स, सीनियर्स, सभी जूनियर्स और साथ में रंगकर्म किए हुए उन तमाम रंगकर्मियों का, जिनके साथ के अनुभवों ने मुझे बहुत कुछ सिखाया है।

मैं शुक्रगुज़ार हूँ! सुधांशु शेखर भैया का, आप म्यूज़िक क्षेत्र के होने के बावज़ूद साहित्य में आपकी गहरी रुचि, आपको आर्ट हिस्ट्री का अध्ययन और समझ है। आपके साथ घंटों बातें करना बहुत कुछ सिखा जाता है।

मैं शुक्रगुजार हूँ ! छापकी का, जिनकी लेखनी ने मुझे प्रेरणा दी और भावनाओं को शब्द, जो आपस में जुड़कर कविताएँ बनती गईं।

मैं शुक्रगुजार हूँ! फ़ेसबुक के उन तमाम मित्रों का, जिन्होंने मेरी रचनाओं पर बेहतरी का सुझाव और अपने स्नेह रूपी कॉमेंट्स से मुझे हमेशा प्रोत्साहित

करते रहे हैं।

मैं शुक्रगुज़ार हूँ! 'अंजुमन प्रकाशन' का, जिन्होंने एक कलाकार को कवि होने का अवसर दिया। और सबसे ज़्यादा आप सबों का शुक्रगुज़ार हूँ!

ऐसे बहुत से नाम हैं जिनका यहाँ ज़िक्र नहीं है,
वह ऐसा ना समझें कि हमें उनकी फ़िक्र नहीं है।
आप ही की ख़ुशबुओं से महकते हैं हम
वरना क़ाबिल ना था मैं, कि आलोक कोई इत्र नहीं है

आपका
आलोक रंजन
नवांकुर कवि

अक्खड़, फक्कड़ और भुलक्कड़
मरहम हल्दी-सा, मिर्च-सा तीखा, हूँ मीठा शक्कर
गुण और दोष घुले हुए हैं
हूँ थोड़ा आदमी, थोड़ा जानवर
चुनौतियों से लड़ना, बस इतनी-सी औकात है
पर जगी आँख के सपनों से रोज़ होती मुलाक़ात है
ज़्यादा न कहना है ख़ुद के बारे में
बस इतना, कि बेगूसराय में जन्मा,
पला, बढ़ा, और पढ़ा
आज 'राष्ट्रीय नाट्य विद्यालय' नई दिल्ली का छात्र हूँ
कला है कर्म, कला है पूजा, कला ही मेरी जान है
बाकी मेरी रचना कहेगी, बस इतनी-सी पहचान है

मुसीबतें सोनार होती हैं, खरा सोना चुनती हैं
पिघलाती उन्हीं को, जिन्हें कुछ बनना होता है

आलोक रंजन की पहली किताब पर....

"इधर आलोक रंजन ने कुछ दिनों पहले 'क़लम की दावत' नामक शीर्षक से एक कविता-संग्रह मुझे पढ़ने के लिए भेजा। 2018 से मेरा शिष्य है लेकिन यह मेरे लिए सुखद आश्चर्य था कि वह कविताएँ भी लिखता है। बाद में उसने बताया कि जब लगभग दो वर्ष लॉकडाउन के कारण अपने घर पर बंद होकर रहना पड़ा तो ऐसी स्थिति में उसकी आंतरिक छटपटाहट ने कविता के रूप में अभिव्यक्ति पाई। पहली रीडिंग के बाद मुझे लगा कुछ कविताएँ बहुत अच्छी होने के बावजूद कुछ पर अभी काम करने की ज़रूरत है और मैंने इस धारणा को आलोक के साथ शेयर किया। जब लगभग एक साल बाद उसने दोबारा मुझे कविताएँ पढ़ने को दी तो निश्चित रूप से मुझे लगा कि उसने उनकी पुनर्रचना की है। कुल मिलाकर लगभग साठ कविताओं में दो स्वर साफ़-साफ़ दिखाई देते हैं। एक स्वर है: प्रेम कविताओं का । जिनके अलग-अलग रूप दिखाई पड़ते हैं। और दूसरा स्वर है: आम आदमी की पीड़ा का। जो समकालीन राजनीतिक व्यवस्था, समाज और परिस्थितियों के भीतर से मुखरित होकर हमारे सामने आता है। मुझे अच्छा लगा की प्रेम कविताओं के मुकाबले आम आदमी की कविताओं का पलड़ा भारी है। सबसे अच्छी बात यह है कि यह कविताएँ किसी भी तरह की नारेबाजी, प्रोपेगेंडा और बाहरी शोर-शराबा से मुक्त हैं। इसीलिए बहुत गहरी बन पड़ी हैं। मैं आलोक रंजन को इस पहले कविता-संग्रह 'क़लम की दावत' के लिए बहुत-बहुत शुभकामनाएँ देता हूँ ! और मुझे विश्वास है वह आगे भी इसी तरह लिखना जारी रखेगा।"

दिनांक: 06-04-2022

देवेंद्र राज अंकुर

"मैंने आलोक रंजन की "क़लम की दावत" पढ़ी। तीखी लेखनी है। कविता, गीत, ग़ज़ल और शे'र की सम्मिलित अनुभूति देती है। मेरी शुभकामनाएँ उनको !"

पीयूष मिश्रा
(अभिनेता, लेखक, रंग निर्देशक व गायक)

"प्रिय आलोक को इस पुस्तक के प्रकाशित होने के अवसर पर मेरी ढेर सारी शुभकामनाएँ"

मनोज बाजपेयी
(अभिनेता)

अनुक्रम

घुलना

तुम चायपत्ती-सी घुल गयी हो मुझमें
और मैं तुम्हारी ही रंगत लिये उबल रहा हूँ
प्रेम की आग और ख़्वाबों के बर्तन में

अब दूध ना रहा मैं
जितना उबलता हूँ
उतना ही तुम्हारा हुआ जाता हूँ
तुम्हारा ही और गहरा रंग लिये ऊपर आता हूँ

तुम्हारे नाम की चाय बन गया हूँ अब
हम दोनों को अब कोई अलग नहीं कर सकता

क्योंकि
हम-तुम एक हो गए हैं घुलकर

आलोक

उन दिनों एक रोज़

लिपट के रोई 'रात' मुझसे

ख़ुद भी जागी रही और देर रात जगाए रही मुझे भी

रात भर रोती रही

डरी-सहमी यह कहती रही,

वह, वह, वह जो बहुत गेरुआ दिख रहा

चमकता हुआ

उसकी चमक पर मत जाओ

वह मुझसे भी काला है

वह मुझे मारकर मेरी जगह लेना चाहता है

मुझे बचा लो

माँ हूँ तुम्हारी नींद की, रात हूँ मैं

यदि मैं न रही तो कौन पालेगी तुम्हारी नींद ?

जागो और मुझे बचा लो

मुझे बचा लो

मुझे बचा लो

"अरे ! नहीं सुननी मुझे तुम्हारी बकवास"

मैंने झल्लाते हुए उससे कहा

और पकड़ के बिस्तर सो गया

जब तक वह ज़िंदा थी मैं सोता रहा

सुबह की फाँक में उसकी हत्या हुई

और मेरी नींद के रोने से मैं जगा

आँख खुलने पर देखा

वह धूर्त सुबह बनकर आया था

दिखता गेरुआ सुबह का सूरज जैसा

मगर उसकी मनसा अंधकार से भी भयावह काली थी

रात की सत्ता क़ाबिज़ कर लिया

और तब से मेरी नींद को पालता नहीं,

बल्कि मेरी नींद बेचकर

अपने लिए सपने ख़रीदता है वह

काश मैं तब जाग गया होता

तो आज चैन की नींद सोता !

एक रोज़ रात की आत्मा आकर बोली,

"आलोक, जब जागो तभी सवेरा"

क़लम की दावत

ज्ञान का बोझ

किताबें रोज़ पढ़ता हूँ
इसलिए नहीं कि मुझे होना है बहुत ज्ञानी
बस इसलिए
कि मुझे ज्ञात होता रहे
मैं कितना अज्ञानी हूँ
जिसे सीखने को बची है अब भी बहुत सारा ज्ञान
असल में मैं अज्ञानी होने के लिए पढ़ता हूँ

ख़ुद को अज्ञानी ना समझना
ज्ञान के बोझ से भारी हो जाना है
मैं हल्का रहना चाहता हूँ
मुझे तो तैर कर उस पार जाना है

मैं किताबें इसलिए भी पढ़ता हूँ
ताकि बढ़ती उम्र के साथ छोटा हुआ जाऊँ
और मेरे भीतर बची रहे मासूमियत
मासूम बच्चे की तरह
जिसे हर कोई दुलार दे
अपना प्यार दे

हल्का रहना और बच्चा बने रहना
हर किसी की गोद में होना है
बाक़ी सब बोझ है

स्त्री

तुम आरंभ हो सृष्टि की
दृष्टि, दया, भक्ति और शक्ति की
करुणा, ममता, तप, तपस्या, धैर्य
बल, बुद्धि, गर्जन, तुम ही तो हो

सूर्योदय की गरिमा
शाम की लालिमा
पुण्य का आरंभ, पाप का अंत
क्षमा और दंड तुम ही तो हो

विश्व, देश, शहर, गाँव
तपती धूप, ठंडी छाँव
धर्म, संस्कृति, परंपरा, स्वाभिमान
प्रेम, त्याग और बलिदान तुम ही तो हो

शरद, ग्रीष्म, वसंत, सावन
गंगा, जननी, पवित्र पावन
रक्षाबंधन, छठ, होली, दीवाली
सरस्वती, लक्ष्मी, दुर्गा, काली, तुम ही तो हो

शब्द कम है तेरी उपमा में
और क्या लिखूँ सब तुम ही तो हो
यह साज़िश है उसकी जो कहते
कुछ भी हो मगर तुम स्त्री ही तो हो !

औरत का पेट

तुम्हें माँ के पेट से बाहर निकाला जाएगा
बस, इसलिए कि तुम्हारा पेट
तुम्हारी ही तरह किसी दूसरे पेट को जन्म दे सके
तुम्हारी माँ को भी इसीलिए पेट से निकाला गया था,
इसलिए आज तुम माँ के पेट में हो

और जहाँ ज़रूरत नहीं है तुम्हारी
वहाँ मार दी जाती हो
बाहर आने से पहले पेट में ही

तुम समझती हो तुम्हारा पेट
तुम्हारी भूख की जगह है
ग़लत सोचती हो तुम

असल में पुरुषों की आरज़ू पलती है वहाँ

सोचो, तुम्हारा पेट
पुरुषों के आने की जगह न होती
तो शायद आने ही नहीं दिया जाता तुम्हें

संवेदना का बीज

देश में कुछ भी अनिष्ट होता है
कोई तो है जो बहुत रोता है
आँसुओं से भिगो देता है काग़ज़
जिस पर उग आती हैं कविता की फ़सलें
जिसके पक जाने पर तैयार होंगे बीज
और उस बीज से तैयार होंगे अगली फ़सल
हम सबके भीतर संवेदना की
जिससे लहलहाएँगी हर घर संवेदना की फ़सलें
तब संवेदना के अभाव में नहीं बनेंगे लोग
कठोर
निर्दयी
और बहुत कुछ

ऐसा होने पर देश में कभी कुछ अनिष्ट नहीं होगा

ऐसा सोचता है कवि,
इसलिए अपने आँसुओं से उपजाता है
काग़ज़ पर
संवेदना का बीज

ज़रिया

बस स्टॉप पर खड़ा था
कहीं जाने के इंतज़ार में
यूँ ही मन में ख़याल आया,

"यह सड़क इतनी बड़ी है, कहाँ तक जाती होंगी?"

कि इतने में सड़क बोल पड़ी,
"जी! मैं कहीं नहीं जाती
पसरी रहती हूँ एक ही जगह सदियों तक
मुझसे होकर मुसाफ़िर जाते हैं अपनी मंज़िल तक
मेरी अपनी कोई मंज़िल नहीं
मैं तो बस ज़रिया हूँ मुसाफ़िर की मंज़िल का
बस उसकी मंज़िल के वास्ते पसरे रहना ही मेरी मंज़िल है।"

सड़क के इस त्याग ने मुझे सिखाया
किसी के मंजिल वास्ते ज़रिया होना
सड़क जितना बड़ा होना है

अचरज !

हमें अचरज नहीं होता ना !
देखकर मज़दूरों के हाथों को ?

यह बड़े-बड़े शहर

शहर की गगनचुंबी इमारतें

लंबी-चौड़ी सड़कें

सड़क पर सरपट दौड़तीं गाड़ियाँ

सड़क के दोनों तरफ़ खड़े बिजली के खंभे

नदी के दो किनारों को जोड़ता ब्रिज

समंदर पार करता जहाज़

आकाश में उड़ता एरोप्लेन

पटरियों पर दौड़ती रेलगाड़ियाँ

बड़ी-बड़ी फ़ैक्ट्रियाँ

फ़ैक्ट्रियों से निकलती

हमारे उपभोग की सारी वस्तुएँ

खाने का अनाज

अनाज का स्वाद

यहाँ तक कि नमक और चीनी भी

गुड़ का ढेला

त्योहारों का मेला

बच्चों के खिलौने

भगवान को चढ़ने वाला प्रसाद

हर मर्ज़ की दवाइयाँ
और घूमकर देख लो चारों तरफ़...
नज़र जाती हो जहाँ तक
छूकर देख लो सोना, ईंट, कंकड़, पत्थर
खा लो छप्पन भोग
चख लो अमृत का स्वाद
सूँघ लो इत्र और उससे इतर जो भी है

यह सब कुछ
जन्मा है मज़दूरों के हाथों ने
बहुत पीड़ा सहकर
जैसे प्रसव पीड़ा सहकर
जन्म देती है माँ
हमें अपनी योनि से

हमें अचरज नहीं होता है ना !
इनके हाथों का हुनर देखकर ?
लेकिन अचरज होगा बहुत
आने वाली पीढ़ी को
जब माँ सुनाएगी उनको कहानी...

महामारी के दौर में
शासन के फ़रमान पर
बंद थी दुकानें
मंदिर, मस्जिद, काम-काज
एरोप्लेन, रेलगाड़ियाँ, बसें सब कुछ
लॉकडाउन था पूरा देश
पर बंद न हुआ था भूख लगना
तब
शहर बनाने और उसे चमकाने वाले
हाथों के पास न बचा था कोई काम
न हुनर को मिल रहा था कोई दाम
ख़ाली पड़ी थी जेब
और सता रही थी पेट की भूख
ज़िंदा रहने के लिए साँस ही काफ़ी नहीं होती
जो बन चुकी हो ज़हर

घर से दूर
होने लगी थी परिवार की चिंता
बढ़ने लगा था क़र्ज़ का बोझ
तब
भूखे-प्यासे
माथे पर सिस्टम का बोझ लिए
"च,च, यह लाइन ही अटपटी लगती है"
निकल पड़ा था शहर से
सड़क पर तपती धूप में

जैसे सैनिक निकलता है युद्ध पर
यह चलना भी किसी युद्ध से कम न था
छोटे बच्चे
बूढ़ी माँ और पिता
जवान बेटे
और गर्भवती औरतें सब
लाखों की संख्या में निकल पड़े थे पैदल,
पहली बार हाथों की जगह
मज़दूरों के पैरों ने पैदल चलकर
लिखा था सड़कों पर 1600 कि.मी. का
इतना लंबा इतिहास
जिसकी गवाह है आज भी
सड़कों पर पड़े पसीने की बू
और ख़ून के धब्बे

हमें तब भी अचरज नहीं हुआ था ना !
हुक्मरान के रवैइये पर ?
लेकिन अचरज के साथ
अंत में रो पड़ेगी माँ
कहानी कहते हुए
कि, "जितनी पीड़ा मज़दूरों ने सही
मुझे इतनी पीड़ा
तुम्हारे प्रसव के समय भी न हुई थी"
तब इतने बड़े इतिहास को सुनने के लिए
बेटे के पास जितना छोटा कलेजा होगा
कि सहन न कर सकेगा सुनकर
पर हमें अचरज नहीं होता है ना...!

आलोक रंजन27

अव्यक्त-सुख

बारिश ख़ूब ज़ोरों की थी
सड़कों पर लोग नहीं ही थे
जो भी थे
दुकानों के आगे की छावनी
में आवाजाही कर रहे थे

एक आठ साल का लड़का
बारिश में भीग कर छाता बेच रहा था
हालाँकि सर पर
एक प्लास्टिक पॉलिथीन पहनी थी
जो उसे गीले होने से नहीं बचा पा रही थी
मगर उसके छाते सभी सूखे थे,
क्योंकि वह एक बड़े पॉलिथीन में बंद था
पारदर्शी होने के कारण
छाते का रंग, डिज़ाइन और
संख्या दिख रही थी
कुल पाँच छाते थे
प्लास्टिक का मुँह बाँधे हाथ में लिये
आने-जाने वाले लोगों के पीछे हो लेता
कुछ दूर पीछा करता
ले लेने की ज़िद करता
और एक हाथ की दो उँगलियों से कुछ इशारा करता

वह चाहता तो एक छाता खोल लेता
अपने लिए

मगर नहीं,
कहीं किसी चीज़ से लग के फट जाये?
या पुराना हो जाये?
कहीं लोग यूज़ किए हुए छाते ना ख़रीदे?
यह डर, उन बातों की वजह थी
जो उसके मन में पल रहे थे

एक घंटा हो गया था पर
छाता एक भी ना बिका था अब तक
हो सकता है उसे भूख लगी हो?
घर में कोई बहुत बीमार हो?
पैसों की बहुत ज़रूरत हो उसे इस वक़्त?
परेशानियाँ और कुछ भी हो सकती है उसकी
जो कोई नहीं जानता
ना ही जानना कोई ज़रूरी समझा अब तक
तभी तो वह भीग कर छाता बेच रहा था

एक आदमी अपने जीवन से बहुत दुःखी
उसी रास्ते से गुज़र रहा था
उसकी नज़र उस लड़के पर पड़ी
बड़ी सोच में पड़ गया!
सोचते हुए आगे बढ़ा...
थोड़ी दूर जाने के बाद रुक गया
लौट आया उस लड़के के पास
लड़के ने झट से एक छाता

उस आदमी के हाथ में थमाया
और दाहिने हाथ की दो उँगलियाँ
एक सीधी और दूसरी आधी मुड़ी हुई
उस आदमी के चेहरे के बिल्कुल सामने दिखाई
अपनी गर्दन थोड़ी बायीं तरफ़ झुकाई
और हल्के से मुस्कुराया
दरअसल वह छाता की क़ीमत बता रहा था
उस वक़्त पता चला कि
भावना शब्द की मोहताज नहीं होती
लड़का मूक-बधिर था
कुछ भी बोल नहीं सकता
पर उसकी आँखों का कोर, होठों का छोड़
और कस के छाते को पकड़ी हुई मुट्ठी
एक साथ बहुत कुछ कह रही थी

किसी के दुःख को समझना
अपने दुःखों से होकर गुज़रना होता है
फिर तो वह आदमी भी दुःखी ही था उस वक़्त

उस आदमी ने और कुछ नहीं पूछा
छाता खोलकर लड़के को पकड़ाया
अपनी जेब से डेढ़ सौ रुपये निकाल
उसके हाथ में थमाया और जाने लगा
लड़के ने छाता आगे बढ़ाया
उसे लगा कि छाता ख़रीदकर भूल गया वह
आदमी ने इशारे में कहा, "अब यह तुम्हारा है"
पहले तो इन्कार किया फिर रख लिया

और मारे ख़ुशी के उसकी आँखें भर आयीं
इतनी देर से उसके हाथ में पड़ी
सारी छतरियाँ जो पराई लग रही थीं
उनमें से एक छाता अब उसका अपना हो गया है
जिसे अपनी ही दुकान से ख़रीद पाना मुश्किल था
उसके लिए
छाता से टपकता पानी और आँख से बहते आँसू
दोनों एक-जैसे मालूम हो रहे थे
वह आदमी भी जाते हुए रोता रहा
और तब तक रोया
जब तक कि बारिश होती रही
आँसू रुकते ही
आसमान के काले बादल छँट गये थे
और अंदर का काला बादल भी
जो नहीं हिल रहा था अपनी जगह से
अब बाहर का मौसम और अंदर का मिज़ाज
दोनों एक-सा हो गया था

वह आदमी इतना क्यों रोया?
इसको शब्द देना मुश्किल है
मगर इतना ज़रूर बता सकता हूँ
कि उस लड़के को भीगने से बचाकर
अपने अंदर के बादल को बरसने में मदद की उसने
जिसमें भीगकर
वह अपना दुःख भुला
एक अव्यक्त-सुख की अनुभूति कर रहा है

ऐसे सुख की अनुभूति कभी हुई है आपको?
जो अपना सब दुःख भुला दे?

✿

भूख और निवाला का प्रेम

इंसान माँ के पेट से ही
पेट की भूख को लेकर पैदा होता है
और भूख पैदा होते ही निवाला से प्रेम करने लगती है
अटूट प्रेम है
भूख और निवाला के बीच

भूख महबूबा है
और निवाला महबूब है उसका
भूख बहुत ही मासूम
निवाला के बिना एक पल भी नहीं रह सकती
बहुत प्रेम जो करती है
निवाला भी भूख से कम प्रेम नहीं करता
दोनों हमेशा साथ रहना चाहते
कई बार देर हो जाती
कई दिनों तक दोनों मिल नहीं पाते
पर क्या करे निवाला
बेचारा वह ख़ुद से आ नहीं सकता
उसे लाने वाले को करनी होती है कड़ी मेहनत
ख़ुद को गठरी-सा बाँधे
ट्रेन में लटक कर
उतरता है अजनबी शहर में
दस बाइ दस के एक टीन वाले घर में
करवट भर जगह में
गुज़ार देता है अपनी ज़िंदगी
घर के बग़ल से गुज़रती

गंदी नाली की सड़ाँध बदबुओं को सहनकर
बहुत भटकने पर
मिलता है ख़ुद के वज़न से भी भारी कुछ काम
ठिठुरती ठंड में
तपती धूप में
मूसलाधार बरसात में भी
तोड़ना पड़ता है पत्थर
खींचना पड़ता है ठेला
सुननी पड़ती है डाँट और भद्दी गालियाँ
पैरों का जूता गोद में लेकर
चमकाना होता है हाथ से
पतली रस्सी से झूलकर
ज़िंदगी और मौत से जूझकर
खड़ी करनी पड़ती है ऊँची इमारतें
यदि काम करते हुए मर भी गये तो
कोई शोक नहीं मनाता सरकारी घर में
ख़बर नहीं छपती अख़बार में
कोई आंदोलन नहीं होता है इनके हित में

माथे पर लेकर ढोना पड़ता है भारी बोझ
धोना पड़ता है जूठा बर्तन
चमकानी पड़ती हैं गाड़ियाँ अपने गीले बदन से
भट्टी में तपकर पिघलाना पड़ता है लोहा
खोदनी पड़ती है सख़्त मिट्टी
बोना पड़ता है बीज

फ़सल उगाकर पटाना होता है पानी
फिर काटनी पड़ती है फ़सल
चुकाना पड़ता है सेठों को ब्याज़
हाथ-पैर में छाले भर के
गोरा बदन काला करके
ख़ून जलाकर, पसीना बहाकर
तब आता है अनाज घर में
यह अनाज, निवाला का बाल्यावस्था है

फिर चक्की में पिसकर
आटा हाथों से गूँथकर
बनती है लोई
उस पर लुढ़कता है बेलन
गीली लकड़ी से जलता है चूल्हा
धुएँ में सनी धीमी आँच पर
चढ़ता है तवा
कुछ देर गर्म होने पर
पकती है पहली रोटी

तब जाकर मिलता है निवाला
अपनी महबूबा भूख से
वह भी सज-धज कर नहीं
ऐसे ही रूखा-सूखा मुँह लिए
महबूबा भूख तक पहुँचने के लिए
निवाला को इतने रास्तों से होकर गुज़रना पड़ता है
तब तक बहुत देर हो जाती है
और महबूबा भूख, निवाला महबूब के इंतज़ार में

तड़पकर मर जाती है
साहब आप क्या जानो इनकी मोहब्बत
ग़रीब के घर भूख और निवाला का प्रेम
बड़ी मुश्किल से निभता है

ढाई आखर का प्रेम

आओ ढाई आखर की इक नज़्म हो जाएँ
'तुम' और 'मैं' को पिघलाकर 'हम' हो जाएँ

दो जिस्म मिलके हों एक जाँ में शामिल
इक-दूजे पे मर मिटने का अज़्म हो जाएँ

वक़्त ना मिले पलभर फ़ुर्सत की कभी
हम इक-दूजे में इतना दरहम हो जाएँ

कोई ग़म न दिलों में गुज़ारा करे अब
जो इक-दूजे का हम मरहम हो जाएँ

शब्दार्थ : अज़्म- संकल्प, दरहम- व्यस्त

इश्क़-ए-हक़ीक़ी

यह इश्क़ मजाज़ी नहीं हक़ीक़ी है
किया नहीं जाता यह इश्क़ बस जिया जाता है
तुमने रख दी माँगें उनसे और कहते हो तुम्हें इश्क़ है
इश्क़ तो रूहानी है बस अपना सब कुछ दिया जाता है

हो जाता है ख़ुद से भी ज़्यादा मायने कोई
मार कर ख़ुद को अपने भीतर, उनको जगह दिया जाता है

प्रेम की दुकान

नफ़रत भरे बाज़ार में मेरी एक प्रेम की दुकान है
सीने में धड़कता जो हिस्सा है वही मेरा मकान है

यहाँ जात-पात का भेद नहीं
मेरा मजहबी कोई खेत नहीं
प्यार का गहरा समंदर है बस
रेगिस्तान-सा बंजर रेत नहीं
मोहब्बत, अमन से रहे सभी यही मेरा अरमान है
नफ़रत भरे बाज़ार में मेरी एक प्रेम की दुकान है
सीने में धड़कता जो हिस्सा है वही मेरा मकान है

मजहबी दीवार गिरानी हो
गर प्रेम की नदियाँ बहानी हो
गंगा-जमुनी तहज़ीब को यदि
सब घर-घर तक पहुँचानी हो
तो समझिए हमारी मंज़िल एक और मक़सद समान है
नफ़रत भरे बाज़ार में मेरी एक प्रेम की दुकान है
सीने में धड़कता जो हिस्सा है वही मेरा मकान है

मिल जाएँगे हर गली में ग्राहक मेरे
उनमें से कई होंगें पड़ोसी भी तेरे
कहीं मुस्लिम मिलेंगे मेरा गीत गाते
कहीं हिंदू मिलेंगे मेरा ग़ज़ल सुनाते
कविता, गीत, ग़ज़ल और शे'र, यही तो मेरा सामान है
नफ़रत भरे बाज़ार में मेरी एक प्रेम की दुकान है
सीने में धड़कता जो हिस्सा है वही मेरा मकान है

किसी को मुझसे हो प्रेम करना तो आना मेरी दुकान में
धड़कता हुआ मिल जाऊँगा मेरे इन्हीं सब सामान में

उसका क्या?

तुम कहती हो मैं बहुत बोलता हूँ
बिन बोले तुम जितना कह जाती हो उसका क्या?

तुम कहती हो मैं बकवास बातें करता हूँ
तुम्हारी चुप्पी जो शोर मचाती है उसका क्या?

तुम कहती हो मैं तुम्हें notice नहीं करता
मुझे तुम देखकर ignore कर जाती हो उसका क्या?

तुम कहती हो मैं तुम्हें भाव नहीं देता
मुझे तुम भाव में इतना घाव कर जाती हो उसका क्या?

तुम कहती हो मैं तुम्हें अब तक समझ नहीं पाया
मुझे तुम अदना समझती हो उसका क्या?

तुम कहती हो मैं तुमसे दूर तुम्हें याद नहीं करता
मुझे तुमने कब का भुला दिया है उसका क्या?

मुझे तुमसे प्रेम है जानम इसलिए नहीं पूछा है, 'क्यों'?
तुमने तो 'क्या' का जवाब नहीं दिया अब तक, उसका क्या?

क़लम को उम्र क़ैद

कल अपने घर काग़ज़ ने दावत दी
बहुत से शब्द आए
पहले भूख आयी
समय से पाबंद
ग़रीबी आयी
सहमी- सी
महँगाई आयी
बेरोज़गारी आयी
चोर आया
डाकू आया
जाति आयी, धर्म भी आया
देर से आए नेता भी
ढेर सारे अभिनेता भी
पुलिस आयी
वकील आया
जज भी आए
मंत्री-संत्री सब आए
चुनाव आया
चुनाव आयोग आयी
ईवीएम आया
मीडिया आयी
साधु आया
संत आए
पंत आया
अंधभक्त आए

नफ़रत आयी, फिर डर आया
साथ आया झूठ भी
बुलाए, बिन बुलाए सब आए
बस कमी रह गयी थी उसकी
जो नहीं आयी थी अब तक
काग़ज़ उदास मन खड़ा था
भारी सोच में पड़ा था
"महबूबा क़लम आएगी कब तक?
वह आती तो साथ अपने प्रेम लाती
विश्वास दे पाती
और जाते हुए ज़रूर
सच लिख कर जाती"

अभी-अभी पता चला है
क़लम को देशद्रोह के मुक़दमे में
क़ैद किया गया है

ज़िंदा लाश

ऐसे समय में जी रहे हम
ऐसे लोगों के बीच
बावजूद, सब
सुन रहे हैं ऐसे
आनंद आता हो जैसे
फ़र्क़ नहीं पड़ता, देखने पर भी
हमारा मुँह नहीं खुलता है
सब कुछ अच्छा ही लगता है

यह साधारण घटना नहीं हो सकती

यह सब होना
ज़िंदा रहकर अपनी लाश ढोना है

वह मेरी सपना और मैं उसकी नींद

उस रात मेरे बिस्तर पर किताबें पड़ी थीं
मैं थका-हारा
नींद का मारा
सोना चाह रहा था
वह अब तक जगी थी
ज़िद पर अड़ी थी
कुछ कहना चाहती थी
मैंने करवट बदली और कहा,
"कल सुन लेंगे"
एक ने करवट बदल ली
और रूठ गई
दूसरी चीख़ पड़ी
कहा, "तुम मेरी कभी नहीं सुनते"
तीसरी रो पड़ी
ज़ुबाँ ख़ामोश थी उसकी पर
शिकायत कम न थी आँसुओं में
चौथी ने झकझोरा मुझे
झगड़ा दी पसार
नखरे किए हज़ार
मैं टस से मस न हुआ, वह सो गयी
यह कहकर कि,
"मैं कभी बात ना करूँगी तुमसे"

सब सो गयी पर
वह जगी थी अब तक
उसे समय की कुछ न पड़ी थी
बिना कुछ कहे मुस्कुरा रही थी

ऐसे, जैसे कुछ गा रही थी
उसने लोरी सुनायी
मेरा सीना थपथपायी
बालों में उँगली डाल
मेरा माथा सहलायी और
मेरी आँखों को चूमकर बोली,
"तुम सो जा गहरी नींद में
मैं तुम्हारे सपने में आऊँगी
और हाँ, जागना मत, मैं ज़रूर आऊँगी"

और जानते हो वह रोज़ आती है
हमेशा आती है
मैं नींद में रहता हूँ
और वह मेरे सपने में रहती है
घंटों बातें करती है
बस एक बात नहीं कहती
जिसे कहने के लिए ही इतनी बातें करती है
वह अनकही बात उसकी
जो कहने से डरती है वह
मैं भी तो डरता हूँ
कहीं जाग ना जाऊँ
इसलिए मैं नींद में रहता हूँ
और वह मेरे सपने में रहती है
तभी तो वह मेरी सपना है
और मैं उसकी नींद हूँ

संविधान की प्रेयसी

इश्क़ करने की ख़ता में
क़ैद है बरसों से
चौकसी पहरेदारी के बीच
संसद में संविधान
रोज़ होता है ज़िरह
चलती है बहस
पर मुकम्मल नहीं हो पाती रिहा की तारीख

कुर्सी को नहीं पसंद कि
तुच्छ जनता संविधान की प्रेयसी बने
वह उसका रिश्ता अपनी बराबरी में चाहते हैं
लोभ-प्रलोभ देते
वह प्यार से समझाते उन्हें
डराते, धमकाते भी
ना मानने पर कई बार
हाथ-पैर भी तोड़ देते
मगर संविधान एक ही रट लगाता,
"मेरी प्रेयसी जनता से मिला दे मुझे
मेरी प्रेयसी जनता से मिला दे मुझे"
धड़कते सीने में यह बात लिए
कि अपनी प्रेयसी से मिलकर कहूँगा,
"क्या तुम्हें मेरी याद नहीं आती?
एक भी दिन मुझसे मिलने नहीं आयी तू?"
दीवानगी देख संविधान की
डर गए कुर्सीवाले

और बन गये जान के दुश्मन
और दोनों को तिल-तिलकर मारने लगे
एक को ताक़त से दबाकर
दूसरे को अपने जाल में फँसाकर
कुचला दोनों को इतना
कि जनता लाचार हो गयी
और संविधान बहुत बीमार

एक रोज़ जान पर खेलकर संविधान
भाग आया सड़क पर
लगा ज़ोर से चिल्लाने,
"कोई है बाचाओ
मुझे इंसाफ़ दिलाओ"
खड़ा नहीं हुआ कोई पक्ष में
वह भागता
लड़खड़ाता
रोता, चिल्लाता
ज़िंदगी और मौत से जूझकर
आया मिलने अपनी प्रेयसी से
इस उम्मीद में
"कि मिलते ही मेरे सीने से लग जाएगी
चिपकी रहेगी तब तक, जब तक प्राण नहीं जाते"

संविधान हाँफ़ता हुआ
गहरी साँस भरकर खड़ा हुआ

अपनी प्रेयसी के सामने
दोनों एक दूसरे की आँखों में खो गए
जैसे फिर से दोनों एक हो गए
दोनों हैं ख़स्ताहाल में
दोनों हैं त्रस्त, दोनों अब तक मौन हैं
कि तभी अचानक प्रेयसी मुड़कर जाने लगी
यह कहकर कि, "मैं नहीं हो सकती तुम्हारी
मैं आधी तुम्हारी तो आधी उसकी भी हूँ
नहीं रहने दिया मुझे उसने पाक-साफ़
बनाता है रोज़ मेरे साथ अनैतिक संबंध
कराता है वह काम जो मैं नहीं करना चाहती
अब तो आदी हो गयी हूँ ..."
आँसू भर आयी दोनों की आँखों में
फिर गहरी साँसें भरकर
अपने कलेजे को समेट कर
संविधान ने रोते हुए कहा...
"आदी हो गयी हो?
या तुम मुझे... भूल गयी हो?
तुम जो कुछ भी हुई हो
मेरे लिए अब... मर गयी हो
तुम्हारे पुनर्जन्म होने का मन में विश्वास लिए
मरते दम तक मैं तुम्हारा इंतज़ार करूँगा...
तब हम दोनों होंगे बिल्कुल पाक-साफ़
हम फिर मिलेंगे तुम्हारे पुनर्जन्म के बाद

बड़ी अजीब बात है !

कवि मन बच्चा होता है
छोटे तिनकों से भी कर लेता है संवाद
जैसे मुन्नी कर लेती है बातें गुड़ियों के संग

जो नहीं है उसे भी मानने का
उसे होता है विश्वास
जैसे मुन्नी को विश्वास है
खिलौने वाले चूल्हे पर पकता है सचमुच का खाना

वह सूरज को हाथ में लेकर खेलता है
अपने भोलेपन से कुछ भी मान लेता है उसे
जैसे बाल्यावस्था में हनुमान
मुँह में रख लिया था सूरज को
कोई फल समझकर

तितली-सा चंचल
बिजली से भी तेज़
सैकेंडों में यहाँ-वहाँ, जहाँ- तहाँ
लगा आता है दौड़
बना लाता है बहुत सारे दोस्त
उसे बुलाकर फिर अपने कल्पना' वाले घर में
ख़ूब उठा पटक का खेल खेलता है

उसकी पारदर्शी आँखों से
नहीं बच पाता कोई भी

कई बार मुझे भी खड़ा किया है
सवालों के घेरे में
उससे डरता है हर कोई
मंत्री- संत्री देश का प्रधान भी
आला अफसर
सरकारी दफ़्तर
सजीव-निर्जीव
हर एक वस्तु
हर एक इंसान
यहाँ तक कि भगवान को भी नहीं छोड़ता
सबके भीतर के सच को
रूप-अरूप, गुण और दोष को
देख लेता है उसकी पारदर्शी आँखें
और रख देता है सबके सामने
बेबाकीपन से

आज से नौ माह पहले की बात है
समुद्र में डूबा था यह सोचकर कि
कर लूँगा उनसे भी कुछ संवाद
पर दिखा कुछ ऐसा कि
मेरी आँखें फटी रह गयीं
वह कवि मन इतने बड़े समंदर को
रख लिया था अपनी कोख में
आज जब जन्म दिया काग़ज़ पर
तो समुद्र मासूम-सा बच्चा लग रहा था

और कवि दुलारती माँ दिख रही थी
आज हमने जाना कि
कवि मन बच्चा भी है
और माँ भी
है न बड़ी अजीब बात !

क़लम की दावत

आँखों के हाथ

आँखों के हाथ बड़े लंबे होते हैं
दूरी कितनी भी हो कपड़े उतार देते हैं

यह आँख ही फिर दाँत बनकर
जिस्म उनका तार-तार कर देते हैं

वहशी का चेहरा दिखता शरीफ़ यहाँ
आँखों से ही सारा कारोबार कर लेते हैं

ज़िक्र नहीं ऐसी घटनाओं का कहीं
इसलिए हम होशियार कर देते हैं

इंक़लाब

जुमले की सरकार के हाथों, देश कैसे बिक रहा है
सड़कों पर खड़ा किसान इंक़लाब चीख़ रहा है

अँधियारों की ख़ैर नहीं अब, चप्पा-चप्पा गूँजेगा
तेरा डोलेगा सिंहासन, क्रांति का उजाला दिख रहा है
सड़कों पर खड़ा जवान इंक़लाब चीख़ रहा है

घड़ियाल के आँसू ना बहा, प्रधान को शोभा नहीं देती
लोकतंत्र के हत्यारे तुम, जनता को सब दिख रहा है
सड़कों पर खड़ा आवाम इंक़लाब चीख़ रहा है

ग़रीबों की रोटी छीनी, किया युवाओं को बेरोज़गार
ग़रीबों से नफ़रत तुमको अमीरों से लगाव अधिक रहा है
सड़कों पर बेरोज़गार इंक़लाब चीख़ रहा है

तेरी सारी कथनी- करनी आलोक की आँख से दूर नहीं
हाथों में लिए क़लम तेरा काला इतिहास लिख रहा है
सड़कों पर कलाकार, कवि इंक़लाब चीख़ रहा है

हमारी लड़ाई

ज़िंदगी आज मौत बन चली
पकड़ हमारा हाथ
हम भी जिये जा रहे
ज़हरीली हवा के साथ
अजीब रिश्ता है जिंदगी और साँस का
मौत तक साथ नहीं छोड़ती
ऐसा ही कुछ रिश्ता सत्ता और चाटूकारों का है
जो हमारी ज़िंदगी और साँस के रिश्तो में
ज़हर घोल रखा है

हमारी लड़ाई देश की समस्याओं से ज़्यादा
इन दोनों के रिश्तों से है, क्योंकि
यह रिश्ता ही अब देश की सबसे बड़ी समस्या है

अंतहीन बहस

कुछ तो हुआ?
जिसके होने से
'दिल' दहल गया और उससे रहा न गया
वह भागता हुआ बेचैन हो
'कान' के पास गया और कहा,
"तुमने सुनी वह चित्, चित्, "
" अरे ! क्या हुआ ? ... कितना अच्छा गाना सुन रहा था ! "
'कान' ने झल्लाते हुए डाँटा उसे
दिल ने रुआँसे भरे स्वर में आश्चर्य से पूछा,
"तुमने नहीं सुनी चित्कार...! "

दिल वहाँ एक मिनट भी रुकना मुनासिब न समझा
वह भागता हुआ 'आँख' के पास गया और कहा,
"हे तुमने देखा न सबकुछ ! "
आँख सब कुछ देख कर अनजान बन बैठा
कहा, "मैं अभी नींद में हूँ"
दिल की धड़कनें तेज़ हो रही थी
और बढ़ रही थी बेचैनी भी
वह किसी भी तरह हो रहे घटनाओं को रोकना चाहता था
उसने 'आँख' को बहुत जगाने की कोशिश की
पर कोशिश नाकाम रही
उसे घबराहट में कुछ भी न सूझ रहा था
तभी उसका ध्यान
आँख की पड़ोसन ज़ुबाँ पर गया
ज़ुबाँ अपनी बड़ाई में लगी थी

ज़ल्दी-ज़ल्दी में भागता हुआ
'ज़ुबाँ' के पास आया
दस मिनट तक सारा क़िस्सा सुनाया
वह चुपचाप सुनती रही
चू, च कुछ न बोली
आख़िर में मुँह खोली,
"मुझे इस विवाद में नहीं पड़ना"

कुछ देर बिल्कुल शांत
सन्नाटा पसरा रहा
दिल को ज़ोरों का झटका लगा मुँह के रवैइये पर
चेतना आते ही दिल फिर से खोजने लगा मदद का हाथ
हाथ...? हाँ हाथ !
उसे याद आया
"हाँ हाथ के पास जाना चाहिए" उसने सोचा
और बिना देरी किए जा पहुँचा
'हाथ' गाल बजा, जाँघ पे ताल ठोक रहा था
थपथपा रहा था पीठ अपनी
दिल के पहुँचते ही
हाथ के रंग में भंग हो गयी
पर उसने गुस्से को दबाया
थोड़ा मुस्कुराया और मामला पूछा
दिल ने ज़ल्दी-ज़ल्दी में बताया

इत्मीनान से सुनने के बाद भी 'हाथ'

हाथ पर हाथ धरे बैठा रहा

दिल समझ गया

ढाक के तीन पात;

इनसे कुछ न होने वाला है

पर उसे चाहिए था किसी का साथ

वह रुकने वाला कहाँ था

जा पहुँचा सीधा 'पैर' के पास

और कहा मेरा साथ दो

यह जो कुछ भी हो रहा उसे रोको

उठो, चलो, बढ़ो

"हाँ, हाँ क्यों नहीं तुम चलो मैं आता हूँ"

यह कहकर वह चल दिया घर के अंदर की तरफ़

यह कहना मात्र बहाना था

दिल से पीछा छुड़ाना था

इतने दर भटकने के बाद थक चुका था दिल

पर उसे अभी भी चिंता सताए जा रही थी

एक ही बात खाए जा रही थी

"उसे मुझे रोकना है, मुझे किसी भी तरह रोकना है"
"पर कैसे? "

यह सवाल आते ही मन में जवाब भी कौंधा

उसे लगा कि वह साथ ज़रूर देगा

और बड़ी उम्मीद लिए

आ पहुँचा दिमाग़ की शरण में

शरण ही कहना ठीक होगा,

क्योंकि उसके आगे किसी की नहीं चलती

और इस घटना में भी ऐसा ही हुआ

दिल ख़ूब गिड़गिड़ाया
माथा पीटा, आँसू बहाए
रगड़ कर नाक मदद की गुहार लगाई
दिमाग़ बिल्कुल शांत रहा
बड़ी होशियारी से दिल को बहलाया

प्यार से पीठ पर हाथ रखा
बच्चा समझ उसे समझाया,
"तुम क्यों इतना परेशान हो ? "

दिमाग़ की यह बात उसे सदमा दे गई
दिमाग़ की दिवालियापन ने उसे सुन्न कर दिया
तब से दिल धड़कता ज़रूर है
मगर तड़पता नहीं संवेदना की पीड़ा से
बस इतना बड़बड़ता रहता है:

"इतना कुछ हो जाने और
दिल दहला देने वाली घटना होने के बाद भी
आँख, कान, मुँह बंद और हाथ पैर समेटे रखा
इतना कुछ हिल गया
इंसान अपनी जगह से न हिला
लगा कि उसे लकवा मार गया है
और इस तरह
हाथ, पैर, आँख, कान, मुँह होने के बावजूद
इंसान अपाहिज हो गया है
चलता फिरता अपाहिज"

दिल अक्सर बड़बड़ाता रहता है
भरे हुए पेट का कहना है,
"दिल तो पागल है"
मगर भूखा पेट दिल के साथ खड़ा है,
इसलिए दोनों के बीच बहस अब भी जारी है

क़लम की दावत

नदी से बातचीत

ऐ नदी तुम्हें कहाँ जाने को ज़ल्दी है?
मैं जब भी देखता हूँ तू चलती रहती
कल- कल कर हँसती रहती
तू सदियों से चल रही एक ही दिशा में
इतने बच्चे गोद लिये
और कब तक चलती रहोगी?
हर दशा में हँसती रहोगी?
तू थकती नहीं क्या?
हम इंसानों की तरह?
अभी भी हँस रही हो...?
जवाब दो ...!

अच्छा यह बताओ
तुम्हें गुस्सा आता है कि नहीं?
हम इंसानों की तरह
कोई तुम पर थूक दे, मूत दे, ज़हर दे दे
मरी हुई लाश फेंक दे
रास्ता रोक ले, गंदा कर दे
कैसे सहन करती हो यह सब?
अभी भी हँस रही हो?
मैं पागल दिखता हूँ तुम्हें...?
जवाब दो...!

छोड़ो जाने दो
यह बताओ
शर्म तो ज़रूर आती होगी

इंसानों को नंगा नहाते देखती हो...
अपनी आँखें बंद कर लेती हो?

क्या करती हो?
जब किसी का यौवन तुम्हें स्पर्श करता है
कुछ तो होता होगा मन में
मन मार लेती हो... या कुछ और करती हो?
कैसे वहन करती हो यह सब?
हम इंसानों को देखो....
इस बार तो ख़ूब हँसी आयी...
अरे! रे रे रे ... ख़ूब हँसी आ रही...
चलो तुमसे पूछना ही बेकार है
तुम इंसान नहीं हो सकती!

क्यों? तुम्हारी माँ इंसान नहीं है?
धरती, मैं और तुम्हारी माँ
हम तीनों एक-जैसी ही हैं

क्या कहा?

दास्ताँ

1.

एक हवा है
कुछ लोग जिसे लहर बता रहे हैं
जो कि हौआ है
असल में वह हवा ही है
मैंने देखा है उसे
हवा की कोई एक शक्ल नहीं होती
बस इरादें ख़तरनाक होते हैं उसके
लेकर साथ चलती है बहुत कुछ
तब देखो उसको
वह हमें मारना चाहती है
हत्या के आरोप से बचने के लिए
अनेकों रूप बदलती है

2.

वह हमें मारना चाहती है
मैं पढ़-लिखकर कुछ बनूँगा
देश के लिए कुछ करूँगा
मैं भी पढ़ना चाहता हूँ
ऊँचे शिक्षण संस्थानों में
कि तभी, वह रोकती है हमें
बढ़ी हुई फ़ीस बनकर
काफ़ी अर्ज़ी और विनती के बाद
करता हूँ आंदोलन
संवैधानिक, तब

ठूँसती है हमें जेल
देशद्रोह मुक़दमा बनकर
फिर पुलिस की मार और शासन की दमन से
मर जाता हूँ

3.

वह हमें मारना चाहती है
कल जब मैंने
ख़ून की गाढ़ी कमाई का कुछ क़तरा
छुपा रखा था फूस के छप्पर में
ग़रीब हूँ साहब
आफ़त-बिपत से पुराना रिश्ता है हमारा
रहता है रोज़ उनका
आकस्मिक मेरे घर आना-जाना
उन कुछ क़तरों का पास रहना ज़रूरी है हमारे लिए
कि तभी, हमारे ही पैसे
हमसे छीन लेती है
नोटबंदी बनकर
फिर अभाव और बदलाव के लिए खड़ा- खड़ा लाइन में
मर जाता हूँ

4.

वह हमें मारना चाहती है
हवा कल साँय-साँय करती
मेरे दोस्त के दिमाग़ में घुस गयी
जब वह टी.वी. देख रहा था

आज वह शगूफ़ा सुना रहा था उसकी तारीफ़ में
मैंने जताया ऐतराज़
और कहा,
"हो क्या गया है तुम्हें? "
वह मेरी एक न सुना
तिलमिला गया इतना कि मारने लगा
अंधभक्त बनकर
फिर दोस्ती और मैं दोनों
मर जाता हूँ

5.

वह हमें मारना चाहती है
कल कितनी शांति थी
चौराहों, बाज़ार, सड़क
और सफ़र में
बेख़ौफ़ थे सभी और मैं भी
निकला ज्यों ही बाहर
ज़रूरी कुछ काम से
कि तभी, तादातों में
राहें रोके खड़ी मिली
मॉब लिंचिंग बनकर
फिर भीड़ के हाथों बेमौत
मर जाता हूँ

6.

वह हमें मारना चाहती है

मैं पूरे देश का पेट भरता हूँ साहब

ख़ुद भूखा रह बनता बैल

खेत में जुतकर चीरता हूँ

बंजर ज़मीन का सीना

मेरे ख़ून-पसीने से बनता है

अनाज का एक-एक दाना

कड़ी धूप और ठंड

मुझे नहीं लगती?

बरसात में भी खेत के कीचड़ में सनता हूँ

मैं भी इंसान हूँ साहब

देश का निर्माता

आबादी का सत्तर प्रतिशत हिस्सा

धरती का किसान हूँ

यूँ तो हर रोज़ मरता हूँ

कभी सुखार तो कभी बाढ़ में

इसी बीच में ही फ़सल

लगती है मेरी ज़िंदगी की

कि तभी उसने रोक दी मेरी साँसें

किसान बिल बनकर

फिर इसके विरोध में आंदोलन करते-करते मर जाता हूँ

और इससे बच भी गया तो

फिर घाटा और क़र्ज़ के दबाव में आत्महत्या कर

मर जाता हूँ

7.

वह हमें मारना चाहती है
कल मत दिया था अपना
काफ़ी ख़ुशी थी कुछ तो बदलेगा
बदलाव अपने मिज़ाज में था
कि तभी, उसने काट दी मेरी उँगलियाँ
व्यवस्था, आयोग और ईवीएम बनकर
फिर लोकतंत्र की हत्या के शोक में
मर जाता हूँ

8.

वह हमें मारना चाहती है
कल ही तो आया था
छोड़कर अपना गाँव
शहर में कमाने दो-चार आने
जिससे पेट पाल सकूँ पूरे परिवार का
गाँव में एक बूढ़ी माँ पली और दो छोटे-छोटे बच्चे हैं
और पास में फूटी कौड़ी तक नहीं
मैं कमाना चाहता हूँ
कि तभी, बंद करा देती है सारा काम
लॉकडाउन बनकर
फिर अभाव और भूख से तड़पकर
चलते-चलते पटरियों और सड़क पर
मर जाता हूँ

9.

वह हमें मारना चाहती है
न ही अवसर मिला
नये रोज़गार की
न पास बची कोई नौकरियाँ
जब उसने रख दी पेट पर लात
ज़िंदगी बस किसी तरह गुज़र कर रही थी
सिर पे दु:खों का बोझ लिए
कि तभी, उसने छीन लिए मुँह के निवाले
महँगाई बनकर
फिर महँगाई की भारी मार से टूटकर
मर जाता हूँ

10.

वह हमें
हर हाल में मारना चाहती है
इन सभी मारों से भी
जो नहीं मर पाता
तब आ जाती है मारने उसे
CAA, NRC बनकर
फिर अपने ही देश में
मैं इस देश का वासी हूँ
यह साबित करते- करते
मर जाता हूँ

क़लम की दावत

11.

वह हमें मारना चाहती है
अब तो आलम ऐसा है
एक-एक कर छिन रहा अधिकार सभी
फिर अधिकारों के अभाव में
जीवित इंसान भी अब
मरा हुआ पाता हूँ
नफ़रत करते वह लोग अब उनसे
जिनको भी यह दास्ताँ सुनाता हूँ
कि वह हमें मारना चाहती है

चेहरे

हर कोई
दुनिया को
नयी सूरत देना चाहता है
कोशिशें जारी हैं
परिवर्तन नहीं हुआ आज तक,
क्योंकि
जो बदलने की बात करते हैं
वह भी वही बनने की चाह रखते हैं
इसलिए सिस्टम वही है
सिर्फ़ चेहरे बदलते गये

जूते

दो चप्पल बात कर रहे थे
वह कह रहे थे ,
"जूते काठ की सीढ़ियों पर नहीं चढ़ते
उन्हें डर लगता है कीलों से
उन्हें जब भी ऊपर उठना होता है
वह हमारे कंधे, पीठ, पेट, गर्दन तो कभी छाती पर
क़दम रखकर ऊपर उठते हैं"

वह कह रहे थे,
"यह धंसे हुए कंधे, टेढ़ी गर्दन,
धंसी हुई पीठ, टूटी हुई कमर
हड्डी दिखलाती छाती और यह पीठ को छूता पेट
यह सभी धंस गए हैं जूते के दबाव से"

वह कह रहे थे,
"जूते जहाँ भी क़दम रखते हैं
सोख लेते हैं वहाँ की नमी, रक्त और मांस"

वह कह रहे थे ,
"यह जो हम इतना घिस गए हैं
उन्हीं जूतों के भार उठाकर चलने से"
आख़िर में उसने कहा,
"इतना तुच्छ भी न समझो हमें
क्या हश्र होगा तुम्हारा ?
जब हम तुम्हारे गले का हार बन जाएँ
ज़मीं से ऊपर उठकर"

उसकी पहचान

वह इंसान की ही तरह दिखते हैं
वह चलते हैं इंसान की तरह
बोलते भी हैं बहुत मीठे
हँस लेते हैं मज़ाक़ पर
रोते भी हैं दु:ख जताते हुए
गा लेते हैं बहुत अच्छे
अच्छे बुरे का फ़र्क़ भी जानते हैं
प्रेम भी ख़ूब लुटाते हैं
नफ़रत और बैर बिल्कुल नहीं दिखाते
विश्वास जीत लेते हैं बहुत ज़ल्द
वह सब कुछ इंसान की तरह ही करते हैं
वह रहते इंसान की तरह
वह दिखते इंसान की तरह ही
मगर मुँह खोलते ही
खा जाते हैं धरती की समूची इंसानियत
फिर से बने रहते हैं इंसान
ताकि खाते रहे इंसान को

उसका इंसान की तरह होना
मकड़ी का जाल बुनना है
उसे न पहचानना
उसका भोजन बनना है

हाँ उसकी कमज़ोरी है एक
वह कड़वा बिल्कुल नहीं बोलते,
मगर जो बोलते हैं, वह सच नहीं होता

आँसू और नमक

समुंदर के जल से बनता है नमक
जिसे खाते हैं हम

समुद्र का यह खारा जल
काया में शुद्ध होकर निकलता है बाहर
तब वह नमक नहीं रह जाता

जो लोग पसीना और आँसू नहीं बहाते
वह विष बढ़ते दौड़ते लहू में अपने
और प्राय: निर्दोषों को जलाते
या फिर जले हुए पर नमक छिड़कते हैं

आँखों से निकलता हुआ पानी
और शरीर से बहता पसीना
नमकीन होने से नमक नहीं हो जाता

असंवेदना के बाज़ार में
ख़रीददार है बहुत, जो
उन आँसुओं, और पसीने को भी समझते हैं नमक

तभी तो सोचूँ इस शहर में
पसीने, आँसुओं और नमक की क़ीमत एक-सी क्यों है?

झूठ का सच

जब आप बोलते हैं झूठ
तब आपको चतुर समझ लोग डरते हैं आपसे,
क्योंकि वह अब भी आपसे अनभिज्ञ हैं
जब आप बोलते हैं सच
तब लोग हो जाते हैं अभिज्ञ
तब वह आपसे डरते नहीं
बल्कि डराते रहते हैं
तब तक
जब तक कि आप उसके लिए झूठ न बोलने लगें

फिर आप कहीं के नहीं रह जाते

आपकी विद्वता, ईमानदारी, सच्चाई, सारी अच्छाइयाँ
झूठ की मिलावट के बिना ज़हर है
जो दूसरों को देने पर
आप ही को नुक़्सान पहुँचा सकती है
इतना कि झूठ के क़हर से पहले
आप सच के ज़हर से मर जाएँ
आप क्या हो?
कैसे हो?
क्यों हो?
कहाँ हो?
आपका सारा सच
इस्तेमाल हो सकता है
आपको पीछे धकेलने, नीचे गिराने और

आप ही को मारने में
इसलिए ज़रूरी है कि आप
करें इस्तेमाल झूठ
अपने सच को छुपाने में
झूठ होकर भी सच दिखें
इतना ही सच माक़ूल है
ज़माने के लिए

भोजन में अधिक नमक
स्वाद को ही खा जाता है
झूठ के बिना सच
सच्चे को ही मार देता है
इसलिए झूठ:
सच का सहारा, रक्षा कवच
और सच जैसी बहती नदी को मंजिल तक पहुँचाने में
दोनों तरफ़ का बाँध है

❈

ज़िंदगी

यदि यह नींद न होती
तो सुबह का मतलब नहीं रह जाता कोई
इतना भव्य स्वागत कौन करता ?
फिर सुबह की ?

यह जो हम मर-खप के सो जाते हैं रोज़
रात को गहरी नींद में
यह नींद, मौत का बच्चा रूप है
यदि मौत न होती
तो ज़िंदगी आख़िर जाती कहाँ तक ?

यह सुबह जो धीरे से दोपहर
दोपहर से शाम
और धीरे से रात हो जाती है
यही तो ज़िंदगी है

सुबह को पहुँचना होता है रोज़ रात तक
और ज़िंदगी को पहुँचना है एक रोज़ मौत तक
इसलिए जी लेता हूँ रोज़
सुबह की तरह
क्या पता यह नींद जो अब तक बच्चा है
कब इतना बड़ा हो जाए ?
जो न देखने दे अगली सुबह,
इसलिए मैं
सुबह को ज़िंदगी और ज़िंदगी को सुबह मानकर जीता हूँ

❁

क़लम की दावत

हाय रे!

जीवन में ज़िंदगी की पहली ज़रूरत रोटी है
हाय रे! मुझ ग़रीब की क़िस्मत कितनी खोटी है!

पेट बड़ा, भूख बड़ी और ज़रूरत कितनी मोटी है
हाय रे! मुझ ग़रीब की जेब कितनी छोटी है!

पैसा बड़ा, महँगाई बढ़ी और मेहनत कितनी मोटी है
हाय रे! मुझ ग़रीब की कमाई कितनी छोटी है!

देश महान और संविधान की किताब कितनी मोटी है
हाय रे! मुझ ग़रीब के हक़ में तन पे भी न लँगोटी है!

जो मेरा हक़ लिये बैठे हैं उनको महल और कोठी है
हाय रे! मुझ ग़रीब की, जान की क़ीमत बोटी है!

बालमुकुंद जी का हाथ

बहुत सुंदर होती है कैमरे की आँख
जहाँ तक देखती है
छवि उतार लेती है मन में
और सदियों तक उस छाया चित्र को
हूबहू याद रखने की क्षमता है उसमें
उसे देखने के लिए
चाहिए होती है उसके अनुकूल
सूर्य की रौशनी और
बहुत जगह रौशनी का दूसरा विकल्प भी
उसे सही-सही देखने के लिए
चाहिए होता है और भी बहुत कुछ
और उन सारी ज़रूरतों को पूरा करने
होता है एक परिपक्व हाथ
जो सँभाले रहता है बहुत प्यार से
कैमरे को फूल की तरह
और कैमरा भी इतराता रहता है
उसकी आग़ोश में
जैसे बना ही हो वह उसी के लिए
वह मामूली नहीं है, बल्कि
एक परिपक्व हाथ है उसका
जिसे कैमरा प्यार से पुकारता है; छायाकार
उसी के दिखाने से ही वह देख पाता है
और उसकी आँख बहुत सुंदर कहलाती है
जहाँ तक रौशनी में देखता है छवि सुंदर आती है
इसीलिए

रौशनी से लिखने की प्रक्रिया को छायाचित्र कहते हैं

इन दिनों वह सही-सही देख नहीं पाता
और जिसके कारण
छवि ख़राब उतर आती है
जिसे वह ख़ुद भी बिल्कुल पसंद नहीं कर पाते
और उसका कैमरा होने का ग़ुरूर और
अपनी सुंदर आँखों का विश्वास
टूटने लगा है
वह रो पड़ता है बहुत
जब उसे छूता है कोई अजनबी हाथ
जिसे नहीं दिखाना आता सही-सही
और मजबूरन, बस देखने से ही
उसकी सुंदर आँख सुंदर नहीं रह जाती

उसकी जब भी आँख खुलती है
वह खोजता है वही पुराना बालमुकुंद जी का हाथ
जिसके आग़ोश में इतरा सके
अपनी आँख को फिर से सुंदर बना सके

बालमुकुंद चाचा जी (बेगूसराय में फ़ोटोग्राफ़ी करते हुए 45 सालों का अनुभव प्राप्त एक बेहतरीन फ़ोटोग्राफ़र) को समर्पित!

अपने-पराये

वह अपने हुआ करते जो किसी बात से बस रूठते हैं
पर वह ग़ैर है जो अपनो का दावा करके लूटते हैं

हीरे को कहना नहीं होता वह तो अँधेरों में भी दिख जाते
पर मतलबी हैं वह जो सिर्फ़ तुम्हें उजालों में ही ढूँढते हैं

उन्हें अपना मित्र समझो जो नफ़रत करे तेरी बुराई से
वह दुश्मन हैं तुम्हारे, जो बुरा जान कर भी तेरे हाथों को चूमते हैं

आदतें

यह आदत है अपनी
मैं हरगिज़ न बदलूँ
वह मेरी तमाम आदतें
जिसे नापसंद करना
क़लम से डरनेवालों की आदत है

अधिकारों की हत्या

एक व्यक्ति
कोई देश नहीं होता
जिसके मंसूबे का विरोध
देशद्रोह हो जाए

एक व्यक्ति
कोई राष्ट्र नहीं होता
जिसकी भक्ति की जाए

एक व्यक्ति
देश का संविधान नहीं होता
जिसके हर पाखंड को
नीति मान लिया जाए

एक व्यक्ति
कोई राष्ट्रगान नहीं होता
जिस की रट लगायी जाए

एक व्यक्ति
कोई संस्कृति नहीं होता
जिसकी समीक्षा ना की जाए

एक व्यक्ति
कोई धर्म नहीं होता
जिसकी आलोचना पर

आवाम की मॉबलिंचिंग हो जाए
एक व्यक्ति
कोई दल नहीं होता
जिस पर उँगली उठायी कि
हमें ग़ैर दल का माना जाए

जब एक अकेला व्यक्ति
अपने ही देश में
ख़ुद को
देश
राष्ट्र
देश का संविधान
राष्ट्रगान
संस्कृति धर्म और दल
यह सब कुछ समझने लगे
यह सब कुछ सिर्फ़ एक व्यक्ति को समझा जाने लगे
बाहुबल, पैसा, नीति सब झोंक कर
आवाम को भी यही समझाया जाने लगे
तब यही बात समझ आती है
वह अहंकारी है जो समझता है ख़ुद को राजा
और हम सबको प्रजा
लोकतंत्र की हत्या कर राजतंत्र का आह्वान है यह

याद रखना मतदाताओं
राजतंत्र में वोट देने तक का अधिकार नहीं होता
बाकी सब अधिकार तुम्हारे
अभी झूल रहे हैं फाँसी पर

❋

ख़ूनी समय

समय बुरे दौर से गुज़र रहा
तभी तो आते हैं ख़याल
बुरे मन में

समय घड़ी की धुरी पर घूमती केवल सूई नहीं
वातावरण है वह
जो हमें बनाता है ख़ूनी
या फिर उकसाता है करने को आत्महत्या

समय के ऐसा होने में शामिल हैं
कुछ हम कुछ आप

सुशांत सिंह राजपूत (अभिनेता) को समर्पित!

हक़ मिल जाने से

बुरी नहीं लगती है दुनिया अब
एक तुम्हारे होने से सब कुछ अच्छा लगता है
कहते हैं फ़रेब है दुनिया आलोक
पर तेरा मुझ पर ऐतबार होने से सब कुछ सच्चा लगता है

अब तो एक ही चाहत है मेरी
कि तुम चाहे जिसे भी अपना लो
मैं तुम्हें ज़िंदगी भर चाहता रहूँ
बस इतनी-सी इजाज़त मुझे दे दो
कहते हैं बहुत नफ़रत है दुनिया में आलोक
पर एक तुम्हें चाहने का हक़ मिल जाने से
सब कुछ अच्छा लगता है
तेरा मुझ पर ऐतबार होने से सब कुछ सच्चा लगता है

तुम्हें हक़ है तुम गुस्सा करो
बार-बार रूठ जाओ
तुम्हें हक़ है तुम चाहे जिसे मनाओ
मैं तुम्हें मना सकूँ इतना-सा हक़ मुझे दे दो
कहते हैं ज़ालिम है दुनिया आलोक
पर तुम्हें मनाने का हक़ मिल जाने से
सब कुछ अच्छा लगता है
तेरा मुझ पर ऐतबार होने से सब कुछ सच्चा लगता है

अब तो एक ही ग़म है
कि तुम्हें कोई ग़म तो नहीं?

तू अपना सारा ग़म दे दे मुझे

एवज़ में ले ले मेरी सारी ख़ुशी

कहते हैं बहुत बेवफ़ा है दुनिया आलोक

पर तुम्हें ख़ुश रखने का हक़ मिल जाने से

सब कुछ अच्छा लगता है

तेरा मुझ पर ऐतबार होने से सब कुछ सच्चा लगता है

अब तो एक ही ख़्वाब है

तेरे हर ख़्वाब पूरे कर सकूँ

तेरी ख़ुशी की ख़ातिर ख़ुशी से मर सकूँ

तेरे होंगे बहुतेरे ख़्वाब

मेरा तो बस तुम ही ख़्वाब हो

कहते हैं बहुत ख़ुदग़ार्ज़ है दुनिया आलोक

पर तेरे ख़्वाब सँजोने का हक़ मिल जाने से

सब कुछ अच्छा लगता है

तेरा मुझ पर ऐतबार होने से सब कुछ सच्चा लगता है

तुमसे मिलके

मिला जो तुम से मैं कहाँ खो गया हूँ
था क्या और अब क्या हो गया हूँ

ख़ूबसूरत कविता बन उतर आयी है तू मेरी रूह में
रहता है हर वक़्त तेरा ही नाम जुबाँ पर
लबों पे आया जो तेरा नाम
अब कहते हैं लोग, "मैं शायर हो गया हूँ"
मिला जो तुम से मैं कहाँ खो गया हूँ
था क्या और अब क्या हो गया हूँ

बहुत गहराई है तेरी ख़ूबसूरत आँखों में
उतर कर देखा है मैंने ख़ूबसूरती के समंदर को
हमने गोते क्या लगाए तेरी आँखों में, कि मेरी आँखें देख
अब कहते हैं लोग, "मैं सागर हो गया हूँ"
मिला जो तुम से मैं कहाँ खो गया हूँ
था क्या और अब क्या हो गया हूँ

शहद-सी मिठास है तेरे ख़ूबसरत अल्फ़ाजों में
संगीत की धुन-सी लगती है मेरे कानों में
कि जब से सुना है तुमको
अब कहते हैं लोग, "मैं गायक हो गया हूँ"
मिला जो तुम से मैं कहाँ खो गया हूँ
था क्या और अब क्या हो गया हूँ

तेरी सूरत ख़ूबसूरती की मिसाल है

लगी है ऐसी तेरी छाप मुझ पर
कि सूरत देख मेरी अब कहते हैं लोग,
"मैं बहुत ख़ूबसूरत हो गया हूँ"
मिला जो तुमसे मैं कहाँ खो गया हूँ
था क्या और अब क्या हो गया हूँ

ख़ूबसूरत एहसास है तेरे साथ गुज़रा हर लम्हा
संजो के रखी है मैंने ज़िंदगी के बचे लम्हों की याद ख़ातिर
कि मेरे ख़्वाबो-ख़याल देख अब कहते हैं लोग,
"मैं जहाँ में बहुत यादगार हो गया हूँ"
मिला जो तुमसे मैं कहाँ खो गया हूँ
था क्या और अब क्या हो गया हूँ

तेरी ख़ूबसूरत समझ, जो समझती है मेरी समझ को
इस समझ को समझना देख
अब कहते हैं लोग, "मैं बहुत समझदार हो गया हूँ"
मिला जो तुम से मैं कहाँ खो गया हूँ
था क्या और अब क्या हो गया हूँ

ख़ूबसूरत दिल है तेरा उसमें बसता है मेरा दिल
तड़प ऐसी कि रहे बिन जाती ही नहीं
दिल ने अपना ठिकाना क्या बदला
अब कहते हैं लोग, "मैं दिलदार हो गया हूँ"
मिला जो तुम से मैं कहाँ खो गया हूँ
था क्या और अब क्या हो गया हूँ

फ़ना हो जाऊँ मैं तेरे इश्क़ में
ज़माना छीन लेना चाहता है यह इख़्तियार हमसे
देता क़समें मुझे वे अपने ख़ुदा की
किया मैंने भी इन्कार उन्हें मानने से ख़ुदा
करता हूँ बस अब तुम्हारी इबादत
कि माना है जब से मैंने तुम्हें ख़ुदा
अब कहते हैं लोग, "मैं बावला हो गया हूँ"
मिला जो तुम से मैं कहाँ खो गया हूँ
था क्या और अब क्या हो गया हूँ

अस्बाब

कहते हैं, "आजकल मैं बहुत मलंग जीता हूँ"
अस्बाब कि दिन- रात तुमपे मरता हूँ

मेरा सुख-दुःख, ग़म और ख़ुशी सब तुम्हारे लिए
तुमसे जुड़ी हर बात अब हमारे लिए
और हमारे लिए जहाँ में कुछ भी तो नहीं
कहते हैं, "आज कल मैं बहुत लिखता हूँ"
अस्बाब कि दिन- रात तुम्हें पढ़ता हूँ
आजकल मैं बहुत मलंग जीता हूँ
अस्बाब कि दिन- रात तुमपे मरता हूँ

मेरा हँसना-रोना, गाना-बजाना, नाचना सब तुम्हारे लिए
मुँह से निकले हर अल्फ़ाज़ अब तुम्हारे लिए
कहते हैं, "आजकल मैं बहुत बोलता हूँ"
अस्बाब कि दिन- रात तुम्हें सुनता हूँ
आजकल मैं बहुत मलंग जीता हूँ
अस्बाब कि दिन- रात तुमपे मरता हूँ

दिन का न रहा ठिकाना अब
पता नहीं चलता रात हुई कब
अपने-पराए हुए सब बेगाने
कहते हैं, "आजकल मैं बहुत जगता हूँ"
अस्बाब कि दिन- रात तेरे ख़्वाब देखता हूँ
आजकल मैं बहुत मलंग जीता हूँ
अस्बाब कि दिन- रात तुमपे मरता हूँ

किसी से कुछ नहीं बताता हूँ
प्यार किसी से नहीं जताता हूँ
हाल -ए -दिल कैसे हो पता किसी को
यह बात मैं ख़ुद से भी छुपाता हूँ
कहते हैं, "आजकल मैं बहुत बनता हूँ"
अस्बाब कि जहाँ में सिर्फ़ तुम्हें चुनता हूँ
आजकल मैं बहुत मलंग जीता हूँ
अस्बाब कि दिन-रात तुमपे मरता हूँ

शब्दार्थ: *अस्बाब- कारण*

आलोक रंजन

जीना शुरू कर दूँ

जब से देखा है तुझे मिलने को बेक़रार है दिल

अब तो बग़ैर तेरे मेरा जीना है मुश्किल

कि तुम बिन बेजान शरीर मैं और तुम मेरी आत्मा हो

मुझे तुम मिल जाओ तो आज से मैं जीना शुरू कर दूँ

अब तो आँखें भी किसी से बात नहीं करती

इसे कोई अच्छा ही नहीं लगता

आँखें कहती है बस तुम्ही मेरी पसंद हो

कि तुम सामने रहो तो मैं तुम्हें देखना शुरू कर दूँ

मुझे तुम मिल जाओ तो आज से मैं जीना शुरू कर दूँ

अब तो होंठ भी ख़ामोश है

पर अंदर छुपा रखे बहुत सारी बातें

बस इंतज़ार है कि तुम पूछो तो मैं कहना शुरू कर दूँ

मुझे तुम मिल जाओ तो आज से मैं जीना शुरू कर दूँ

अब तो दिल में भी एक हलचल है

पर इसकी कोई आहट नहीं

पर इतना सुनता हूँ कि यह कहता है तुमसे

तुम आवाज़ दो तो आज से मैं धड़कना शुरू कर दूँ

मुझे तुम मिल जाओ तो आज से मैं जीना शुरू कर दूँ

अब तो अपना नाम भी कड़वा लगता

ग़ैरों की ज़बान पर

शहद-सा उतरता है कानों में तुम्हारा हरेक अल्फ़ाज़

कि तुम कुछ भी पुकारो तो मैं सुनना शुरू कर दूँ

मुझे तुम मिल जाओ तो आज से मैं जीना शुरू कर दूँ

मेरे रहने के लिए अपना घर ही काफ़ी है

पर दिल को थोड़ी-सी जगह चाहिए आपके दिल में

बस आपका एक इशारा हो

तो आज से मैं रहना शुरू कर दूँ

मुझे तुम मिल जाओ तो आज से मैं जीना शुरू कर दूँ

इच्छा है मेरी मैं इत्र बन घुल जाऊँ फ़िज़ा में

और तुम मुझे साँसों में समेट लो

फिर मैं तुम्हारी रूह से रू-ब-रू हो जाऊँ

बस एक बार देख कर शरमा दो

तो आज से मैं महकना शुरू कर दूँ

मुझे तुम मिल जाओ तो आज से मैं जीना शुरू कर दूँ

चलो मैं कवि बनूँ और तुम मेरी कविता बनो

मेरे ख़्वाब के स्याह से

तुम्हारी आरज़ू की काग़ज़ पर कविता लिखूँ

तुम्हारा हर अंग मेरी कविता की पंक्ति बने
बस तुम अपना नाम बता दो
तो आज से मैं लिखना शुरू कर दूँ
मुझे तुम मिल जाओ तो आज से मैं जीना शुरू कर दूँ

मुद्दत हुई चेहरे पर हँसी नहीं आयी
हँसने का कोई बहाना ही न मिला
तुम्हारी ख़ुशियों में रहती है मेरी सारी हँसी
कुछ बाँट ले ख़ुशी तू मेरे संग भी
तो आज से मैं चहकना शुरू कर दूँ
मुझे तुम मिल जाओ तो आज से मैं जीना शुरू कर दूँ

मोम का बुत बना रहता हूँ
रहता है चेहरे पर हर वक़्त एक ही भाव
बड़ा ठंडा और नीरस हो गया हूँ मैं
तुम रति का दीपक जला दो
तो आज से मैं पिघलना शुरू कर दूँ
मुझे तुम मिल जाओ तो आज से मैं जीना शुरू कर दूँ

हैं मेरे अपने और भी बहुत तुम्हें चाहने के सिवा
मगर अब लगने लगे हैं बोझ सभी
चाहत है कि सिर्फ़ तुम्हें अपना मानती है
कि तुम मुझे यादों में बसा लो
तो आज से मैं सारा जहाँ भूलना शुरू कर दूँ

मुझे तुम मिल जाओ तो आज से मैं जीना शुरू कर दूँ

हैं जहाँ में ख़ूबसूरत और भी बहुत
हैं तो हैं, मुझे उससे क्या ?
मुझे तो बस तुम भाती हो यहाँ
ग़ौर से देखो भा जाऊँगा मैं भी तुम्हें
बस तुम आँख अपनी आईना बना लो
तो आज से मैं सुंदर दिखना शुरू कर दूँ
मुझे तुम मिल जाओ तो आज से मैं जीना शुरू कर दूँ

हैं ख़ूबियाँ बहुत तो कुछ ऐब भी होंगे मुझमें
ज़रूरी नहीं कि सब पसंद हो तुझे
जो न हो पसंद मेरी एक भी आदत
बेझिझक तुम कहो मेरी ख़ामियाँ मुझसे
तो आज से मैं ख़ुद को बदलना शुरू कर दूँ
मुझे तुम मिल जाओ तो आज से मैं जीना शुरू कर दूँ

जाऊँ भी तो कहाँ अब तो तुम ही मेरी मंज़िल हो
और मंज़िल के रास्ते भी
ज़िंदगी के इस सफ़र में तुम ही हमसफ़र हो
बस मेरा हाथ पकड़ लो
तो आज से मैं चलना शुरू कर दूँ
मुझे तुम मिल जाओ तो आज से मैं जीना शुरू कर दूँ

❀

तेरी हर ख़ुशी में....

तुझे बेहद पसंद है मुझे जलाना
अच्छा लगता है मुझे भी जलन से मर जाना
मगर यह जलन दिल में ख़ंजर-सी उतरती है
पर क्या करें, तेरी हर ख़ुशी में मुझे ख़ुशी जो मिलती है

तुझे बेहद पसंद है मुझे तड़पाना
अच्छा लगता है मुझे भी तेरे लिए तड़पकर रह जाना
मगर यह तड़प बेहद रूह को झकझोरती है
पर क्या करें, तेरी हर ख़ुशी में मुझे ख़ुशी जो मिलती है

तुझे बेहद पसंद है मुझे बहलाना
अच्छा लगता है मुझे भी तेरी बातों में आना
मगर यह बात दिल में कसक-सी लगती है
पर क्या करें, तेरी हर ख़ुशी में मुझे ख़ुशी जो मिलती है

तुझे बेहद पसंद है मुझे सताना
अच्छा लगता है मुझे भी तेरा हर सितम सह जाना
मगर यह सितम अब जान माँगती है
पर क्या करें, तेरी हर ख़ुशी में मुझे ख़ुशी जो मिलती है

क़लम की दावत

बेनाम रिश्ता

हम मसरूफ़ हैं इक-दूजे के ख़याल में
ज़माना बड़ी फ़ुर्सत से हमारे रिश्ते का नाम पूछता है

हमें नहीं इत्तिला आरज़ू है क्या हमारी
ज़माना तसव्वुर में हमारी चाहत की हद सुनता है

लाज़मी है ऐसे वक़्त में हम जगेंगे रात भर
ज़माना सोकर भी हमारा ही ख़्वाब देखता है

मैं सुबह जब छोड़ने जाता हूँ कुछ दूर उन्हें
ज़माना अब शाम तक हमारी राह देखता है

मैं कल भूल गया था वक़्त पर मिलना उनको
ज़माना आज हमको वक़्त-बेवक़्त याद करता है

वक़्त इतना भी नहीं कि रख़ सकूँ ख़याल उनका
ज़माना बड़ी फ़ुर्सत से हमारा ख़याल रखता है

हम दो मुसाफ़िर हैं इक राह के, सो मिल लिये
ज़माना है कि हमारा नाम मोहब्बत में शुमार करता है

मुद्दत से बेची कला अपनी पर उतना नाम ना हुआ
ज़माना हमारे रिश्तों की चर्चा बेशुमार करता है

हम मसरूफ़ हैं इक दूजे के ख़स्ताहाल में
ज़माना बड़ी फ़ुर्सत से हमारे रिश्ते का नाम पूछता है

जब यह कहा कि रिश्ता हमारा नाम का मोहताज नहीं
ज़माना है कि इस बात को मानने से इन्कार करता है

मना कर दूँगा

इस बात से तसल्ली है मेरे दिल को
कि कोई दिल तो है जिसमें गूँजते हैं मेरे जज़्बात
वरना ख़ाली ही था मेरा दिल
अब अगर कोई और दिल लगाने की बात कहे तो
मना कर दूँगा ऐसे जज़्बात के लिए

इस बात से सुकून है मेरी आँखों को
कि कोई आँखें है जो देखती है मेरे सपने
वरना सपने ने भी नहीं लुभाई कोई आँख
अब अगर कोई और आँख मिलाने की बात कहे तो
मना कर दूँगा ऐसे हालात के लिए

इस बात से बेइंतिहा ख़ुशी है
कि किसी को ख़ुशी हुई हमसे मिलकर
वरना हम अकेले ही बेहद ख़ुश थे
अब अगर कोई और मिलने की बात कहे तो
मना कर दूँगा ऐसी मुलाक़ात के लिए

सावधान रहना है

हमें सावधान रहना है
विज्ञापन और समाचार से
सत्ता और पत्रकार से
Whatsapp
Facebook
Twitter
YouTube और *Instagram* से
अंध भक्त और अंधभक्ति से भी
हमें सावधान रहना है

जानते हो?
कोरोना होगा किसी से हाथ मिलाने पर
मगर यह सब हमेशा रहता हाथ में ही
मोबाइल बनकर
यह कभी भी आँख और कान के रास्ते
घुस सकता है दिमाग़ में
और कर देगा हमें बीमार बहुत बीमार
इसलिए हमें सावधान रहना है

हाँ... एक बात और
आँख और कान के रास्ते घुस रहे *virus* को
चेतना से धोते रहना है
हमें इस वक़्त बहुत... बहुत सावधान रहना है

क़लम की दावत

जीतना

हर कोशिश को कम समझो
और भी कोशिश करते रहो
फल की बिन परवाह किए
पथ पे आगे बढ़ते रहो

कठिन रास्ता भी हर कोशिश से
आसानी में बदल जाता है
परिश्रम के ताप से लोहा
मोम-सा पिघल जाता है

पथ कितना भी लंबा हो चाहे
जितना ऊँचा पहाड़ खड़ा हो
हो जाते सब बौने जब
संकल्प ज़िद पे अड़ा हो

हर काम आसान है बस
कठिन है ख़ुद को तैयार करना
संभव है यह भी
जब शुरू करो ख़ुद से लड़ना

जो लड़ा वही धुरंधर है
लड़ गये तो जीतना तय है
जो जीता वही सिकंदर है

पत्थर

रहने दे इन्सान
थोड़ी कमी मुझमें
ताकि मंदिर आ-जा सकूँ
नहीं तो बना देंगे लोग
मेरे नाम का मंदिर
और मैं पत्थर हो जाऊँगा

भ्रम

थूक फेंकी मैंने
जो उठी थी बू मन में
ग़ैरों में देखा तो वह कहीं न थी
असल में वह
ख़ुद के सुगंधित होने का भ्रम था

प्रशंसा के मायने

लोग अक्सर सोचते हैं
प्रतिभा की प्रशंसा
प्रतिभावान को प्रगति के पथ पर धकेलना है
बात सही भी है

मगर रोक लेते हैं अपनी जुबाँ
ख़र्च नहीं कर पाते तारीफ़ के दो शब्द
इस बात के डर से
कि वह पीछे रह जाएँगे रेस में

ऐसा अक्सर होता
एक ही विधा में कार्यरत लोगों के साथ
जब करते हुए प्रशंसा दूसरे की
ख़ुद का छोटा होना महसूस होने लगता है उन्हें
वही किसी की चाटुकारिता कर
होते हैं अति प्रसन्न
जबकि चाटुकारिता का तात्पर्य;
जो नहीं है उसे बढ़ाकर कहना है

यह एक अलग प्रकार की हठ है

असल में
प्रतिभा की प्रशंसा :
प्रतिभा को स्वीकारना, सराहना है और
ख़ुद में कमी ढूँढ़ अपनी प्रतिभा बढ़ाना है
जो प्रशंसा नहीं करने से रुकी हुई है

FANTASY

इक दीया बुझ जाना चाहता है
नदी में डूबकर
सारा जहाँ घूमने के बाद लगके कहीं किनारे
उग आना चाहता है गुलाब फूल बनकर
फूल खिलने के बाद
किसी सच्चे आशिक़ के हाथों टूटकर
तोहफ़ा बन फ़ना हो जाना चाहता है इश्क़ में
रहना चाहता है माशूक़ा की डायरी में निशानी बनकर
ताकि सदियों तक दिल में लौ की तरह जलता रहे
प्रेम की कहानी बनकर

❀

वह कौन है?

वह कौन-सा हाथ है?
जो बस सताने के लिए उठते हैं?

वह कैसा मुँह है?
केवल बरगलाने के लिए खुलते हैं?
वह कैसा कान है?
बिल्कुल बहरे कुछ नहीं सुनते हैं?

वह कैसा क़दम है?
जब भी उठे तो मज़लूमों को कुचलते हैं?

वह कैसी आँख है?
बस हमें शक की निगाह से देखते हैं?
छाती गुब्बारा-सा फुलाए
बस अपनी मन की कहते हैं?

वह कैसी समझ है?
जो हमें कुछ नहीं समझते हैं?

अब समझ आया
वह ज़रूर कठपुतली हैं
किसी के इशारे पर चलते हैं

बरसाती मेंढक

आयी बारात मेंढकों की यह बरसात का असर है
जो निकले ना माँद से कभी आज पैदल को तत्पर है

चौक-चौराहा, हर मोहल्ला, गली और चप्पा-चप्पा
आज हाथ जोड़े ही सुबह से भटक रहा दर-दर है

जुमले ही साबित होंगे इनके, एक दिन मुँह के बोल
आज विकास के नाम का वादा बाँट रहा घर-घर है

जातीय भाषा टर्र-टर्र ही यह बोला है सब दिन
आज मीठे स्वर में सबको कह रहा सर-सर है

यह सब मेंढक ही बने रहेंगे जब तक है बरसात
दिवाली आते ही रूप बदल हो जाता यह विषधर है

सारे मेंढक एक से होंगे आलोक कहाँ यह कहता
है चुनौती आपको चुनिए कौन सबसे बेहतर है

मैं भी प्रेम करता हूँ

प्रेम करने वाले लोग इसी मोहल्ले में रहते हैं
ऐसा पड़ोस वाले कहते हैं
सो इस रास्ते से वही लोग गुज़रते हैं
जो किसी से प्रेम करते हैं

जो लिव इन रिलेशनशिप में जिये
प्रेम में भागकर शादी कर लिये
और वह दोनों, जो समलैंगिक प्रेम किये
यह सब प्रेम की जोड़ियाँ इसी मोहल्ले में रहते हैं
पड़ोस वाले अपने बच्चे को इधर झाँकने भी नहीं देते
इस मोहल्ले को बड़ी ही हीन दृष्टि से देखते हैं
सो इस रास्ते से वही लोग गुज़रते हैं
जो किसी से प्रेम करते हैं

पड़ोस वाले का मानना है वह ऐसा काम नहीं करते
हाँ कृष्ण की पूजा बड़े धूमधाम से करते
बेटे को कृष्ण और पड़ोसी की बेटी को राधा बनाते
और जन्माष्टमी के दिन दोनों को ख़ूब नचाते
मगर इस मोहल्ले से बहुत नफ़रत करते हैं
सो पड़ोसी इस मोहल्ले से नहीं गुज़रते हैं
ऐसा मोहल्ले वाले कहते हैं
सो इस रास्ते से वही लोग गुज़रते हैं
जो किसी से प्रेम करते हैं

पड़ोस वाले अपनी पड़ोसी से चुप-छुप के मिलते हैं
हाँ जब मिलते हैं तब ख़ूब गुल खिलते हैं
इनमें से बहुत ऐसे भी हैं जिनका दिल बहुतों से मिला
कुछ ऐसे भी हैं जिनको आज तक एक भी ना मिला
यह सब दुःखी लोग हैं जो दूसरों के सुख से जलते हैं
सो इस मोहल्ले से वही लोग गुज़रते हैं
जो किसी से प्रेम करते हैं
प्रेम करने वाले लोग इसी मोहल्ले में रहते हैं
ऐसा पड़ोस वाले कहते हैं

हाँ मैं भी इसी मोहल्ले (गर्ल्स हॉस्टल) में रहता हूँ
और यह बात सीना ठोकर कहता हूँ
कि हाँ मैं भी किसी से प्रेम करता हूँ
मैं भी किसी से प्रेम करता हूँ

दोस्त

जीवन में अच्छे दोस्त का होना ज़रूरी है
जो मुझको समझे मुझसे ज़्यादा
सारी इच्छा पूरी करे बिना किए कुछ वादा
मन के अंतः करण में झाँक सके
बिन कहे सारी भावना भाँप सके
उस वक़्त समझ ले वह दुःख मेरा
जब लगे, ना कहना मेरी मजबूरी है
ऐसे दोस्त का होना ज़रूरी है

ज़रूरी नहीं कि वह हज़ार या उसके पार हो
एक ही हो पर उसका हृदय और मन उदार हो
कोई ग़लती करूँ तो डाँट सके
मेरी बुराई मेरे से छाँट सके
उस वक़्त हमारे साथ रहे वह
जब लगे कि ज़िन्दगी अधूरी है
ऐसे दोस्त का होना ज़रूरी है
जीवन में अच्छे दोस्त का होना ज़रूरी है

एहसास

समय का क्या है वह तो चलता रहता है
मौसम भी साथ में बदलता रहता है

मगर जब रुक जाते हैं हम किसी के इंतज़ार में
यह छोटा वक़्फ़ा भी अरसा-सा लगता है

आँखें जब बिछी हों सूखी ज़मीं-सी बादल की ओर
जिस दिन वह दिख जाए उस दिन वर्षा-सा लगता है

दो लफ़्ज़ उनसे बात क्या हुई
जैसे आज मेरे घर जलसा-सा लगता है

WISH!

हे प्रिये ! जन्मदिन की तुम्हें हार्दिक शुभकामना !
हे प्रिये ! जन्मदिन की तुम्हें हार्दिक शुभकामना !

मैंने माँगी दुआ, तेरी सारी दुआ क़ुबूल हो जाए
काँटे भी हो जो राहों में, क़दम पड़ते ही फूल हो जाए
है कामना मेरी हो पूरी तेरी हर मनोकामना
हे प्रिये ! जन्मदिन की तुम्हें हार्दिक शुभकामना !
हे प्रिये ! जन्मदिन की तुम्हें हार्दिक शुभकामना !

हज़ार दिन के समान हो हरेक साल
तुम जीवन जियो उम्र के हज़ारों साल
यह साल तेरे जीवन में सारी ख़ुशियाँ लाए
इस साल जैसा आने वाला हर साल हो जाए
लाए उज्जवल भविष्य की हर संभावना
हे प्रिये ! जन्मदिन की तुम्हें हार्दिक शुभकामना !
हे प्रिये ! जन्मदिन की तुम्हें हार्दिक शुभकामना !

तेरी आँखें कभी नम न हो
किसी बात का कोई ग़म न हो
सफलता तेरी क़दम चूमे
होठों की मुस्कान कभी कम न हो
किसी दु:ख से तेरा ना हो कभी सामना
हे प्रिये ! जन्मदिन की तुम्हें हार्दिक शुभकामना !
हे प्रिये ! जन्मदिन की तुम्हें हार्दिक शुभकामना !

क़लम की दावत

कैसे कर लेती हो ?

कल सुबह ज़ल्दबाज़ी में एक झलक मिली तुम
शाम को मिलने का वादा कर ज़ल्दी से चली गयी तुम

खड़ा तेरे इंतज़ार में शाम से हो गयी रात
न भेजी तुमने *message* न की *Call* पे बात
मिलने का वादा कर शाम को भी नहीं मिली तुम

फिर मैंने तुम्हें *message* किया
तुमने कोई जवाब नहीं दिया
whatsapp पर *message* बढ़ाया
तेरा *internet off* बताया
Call लगाया तो हर वक़्त *busy* थी तुम

यह *busy-busy* मत खेलो
To the point, easy way में बोलो
है अगर कोई राज़
तो राज़ से पर्दा खोलो
सुबह मैं रह गया तुमसे पूछता, कुछ भी नहीं बोली तुम

एक नया इरादा लेकर
फिर से वही वादा देकर
चले जाने के लिए
आज फिर चली आयी हो तुम
बिना निभाए वादा इतना, कैसे कर लेती हो तुम?

सत्य

ऐ ज़िन्दगी तू कितनी ख़ूबसूरत है
और मुझे कितना प्यार है तुमसे
क्या तुम्हे भी इतना प्यार है मुझसे ?
है न....
नही तू झूठ बोलती है
मै जानता हूँ
मौत एक दिन आएगी
और तुम्हें साथ ले जाएगी
और तुम ? पलटकर देखोगी भी नहीं

तू कितनी तटस्थ है
प्रतिबद्ध मौत के प्रति
और मै ?
रोज़ बदलता हूँ
अपने विचार
कृत्ति
वृत्ति
प्रवृत्ति
कर्म -कुकर्म
आदि- इत्यादि

ऐ सुनो न
जब तुम जाओगी
तो यह शरीर भी अपने साथ लिए चलना
तेरे बिना इस शरीर का कोई मोल नहीं

क्या कहा? ...नहीं? ...क्यों?
"क्योंकि मौत सत्य है और तू झूठ"
हूँ..., मौत आती नहीं कि तू जाती नहीं
इत्ता-सा फ़ासला है तुम दोनों के बीच
यह जानता कि सत्य से इतनी मोहब्बत है तुम्हें
तेरे प्यार में मैं इतना झूठा न बनता